ro
ro
ro

ZU DIESEM BUCH

Zerstreute Menschen finden sich oft in peinlichen Situationen wieder: Sie gehen in Hausschuhen zur Arbeit, lassen ihre Konzertkarten aus unerfindlichen Gründen im Kühlschrank liegen und sehen sich gezwungen, in ihr eigenes Haus einzubrechen, weil sie draußen und die Schlüssel leider drinnen sind.

Nun gibt es endlich Hilfe: das Handbuch für Zertreute. Dieses äußerst charmante kleine Buch ist voll mit Tipps und Tricks und vielen Fallbeispielen, die beruhigen (auch andere sind so vergesslich wie ich) und zum Schmunzeln anregen.

DER AUTOR

Johan Rapp ist ein leicht verwirrter Kommunikationsberater und Gründer des «Reichsverbandes der Zerstreuten» in Schweden.

Johan Rapp

Grad' hatt' ich's noch

DAS HANDBUCH FÜR ZERSTREUTE

• Deutsch von Dagmar Lendt

Rowohlt Taschenbuch Verlag

2. Auflage September 2006

DEUTSCHE ERSTAUSGABE
Veröffentlicht im Rowohlt Taschenbuch Verlag,
Reinbek bei Hamburg, Juli 2006

Die Originalausgabe erschien 2004
unter dem Titel «Handbok … för … Tankspridda …»
bei Wahlström & Widstrand, Stockholm.

Umschlaggestaltung ZERO Werbeagentur, München
(Foto, auch im Innenteil: © Bruno Ehrs, 2004)
Illustration S. 119: Daniel Egnéus
Buchgestaltung Anja Sicka
Satz aus der Lino Letter PostScript (InDesign)
bei KCS GmbH, Buchholz bei Hamburg
Druck und Bindung Druckerei C. H. Beck, Nördlingen
Printed in Germany
ISBN 13: 978 3 499 62090 4
ISBN 10: 3 499 62090 1

Trage hier deine Daten ein, dann ist die Chance größer, dass du das Buch zurückbekommst, falls du es verlierst, verlegst oder irgendwo liegen lässt.

Lieber Finder dieses Buches, bitte melde dich bei folgender Adresse oder sende das Buch an:

NAME ....

STRASSE ....

POSTLEITZAHL ....

ORT ....

TELEFON ....

E-MAIL ....

Vielen Dank, dass du die Zerstreuten unterstützt!

Hier beginnt das Buch.
Kehre hierher zurück,
falls du dich in den Seiten
verirrt hast.

Inhalt

Warum dieses Handbuch notwendig ist

Als ich klein war, habe ich oft alles um mich herum vergessen. Meine Mutter nannte mich einen Träumer. Inzwischen bin ich groß und vergesse immer noch alles Mögliche. Man sagt über mich: Er ist mächtig zerstreut.

Wegen dieser Eigenschaft und der Reaktion der Mitmenschen darauf (die nicht immer positiv ist) hatten eine Hand voll Gleichgesinnte und ich vor vielen Jahren die Idee, einen Verein für zerstreute Menschen zu gründen. Es gibt für nahezu alles einen Verband oder Verein. Also warum nicht für Zerstreute? Es wimmelt von Menschen mit dieser noblen Eigenschaft.

Warum ich das erzähle? Nun, es war der Grundstein für dieses Buch: das weltweit erste Handbuch für Zerstreute.

Der Verein, den wir ins Auge gefasst hatten, sollte die unserer Ansicht nach geringe Toleranz gegenüber Zerstreutheit erhöhen. In der Idee verbanden sich Ernst und Humor, es hatte etwas von einer Gesellschaftssatire auf unseren durchorganisierten und immer gehetzteren Alltag, in dem «der menschliche Faktor» oft zu kurz kommt.

Es war eine wunderbare Initiative, nur dass sie leider als Zettel in einer Schublade namens «gute Einfälle» landete und in Vergessenheit geriet. Wir schafften es gerade noch, ein Ehrenabzeichen aus Stoff an einen guten Freund zu verleihen, einen Möbeltischler aus Skåne, der es zu seinem sechzigsten Geburtstag «für langjährige Verdienste» um die Zerstreutheit bekam. Er war angesichts dieser Auszeichnung zu Tränen gerührt. Unter anderem waren er und seine Frau mit den Einkäufen vom Supermarkt nach Hause gefahren und hatten den Kinderwagen mit dem Baby auf dem Parkplatz stehen lassen. Derart beschämende Geschichten und andere Peinlichkeiten waren damit verziehen und zur allgemeinen Erheiterung freigegeben.

Danach kam nichts mehr. Fünfundzwanzig Jahre lang schlummerte die Idee vom Verein in den Tiefen des Vergessens. Dass sie wieder zum Leben erwachte, beruhte auf einer Reihe von Zufällen und darauf, dass die technische Entwicklung es möglich machte, mit einfachen Mitteln alle Zerstreuten im ganzen Land zu versammeln: per Internet. Mit meinem damals achtzigjährigen Vater als Webmaster, mir selbst als treibender Kraft und einer Hand voll zerstreuter Schlüsselpersonen gründeten wir – mit einem Augenzwinkern – den Reichsbund der Zerstreuten samt dazugehörigem Treffpunkt: www.tankspridd.se. Seit letztem Jahr können sich alle Zerstreuten dieser Welt auch auf der internationalen Homepage unter www.distractedpeople.com austauschen.

Eine ähnlich umfassende Initiative für Zerstreute gab es, soweit uns bekannt war, nirgendwo sonst.

Das Echo in den Medien und in der Öffentlichkeit fiel wesentlich größer aus, als wir uns hätten träumen lassen. Ganzseitige Artikel in der Presse, unzählige Radiointerviews und Hunderte von Zerstreuten aus dem ganzen Land, die sich meldeten und ihre Mitgliedschaft beantragten. Einige wollten einen Verein für Angehörige von zerstreuten Menschen ins Leben rufen, andere wünschten sich örtliche Zerstreutenclubs, und ein Hotelbesitzer mit Sinn für das Absurde bettelte geradezu darum, dass der Verein die erste Jahresversammlung doch in seinen Konferenzräumen abhalten möge. Er malte sich wohl aus, wie Leute durch die Straßen irrten und sich bei Passanten nach dem Weg zur Jahresversammlung der Zerstreuten erkundigten.

Auf unserer Website können Mitgliedsurkunden bestellt werden. Man kann sie vorzeigen, vielleicht einem Lebenslauf beifügen (warum eigentlich nicht?) oder an die Wand hängen und darauf zeigen, wenn die Forderung der Mitmenschen nach Ordnung allzu lästig wird: «Habt Geduld mit mir. Ich bin Mitglied

bei denen …» Zwei-, dreimal funktioniert es bestimmt, vielleicht sogar öfter.
Wer Mitglied werden und eine Urkunde erhalten möchte, wird gebeten, seinen Antrag mit einem eigenen Erlebnis zu begründen. Das hat eine Mitteilungsfreude ohnegleichen ausgelöst, aus der sich – wagen wir zu behaupten – ein neues Genre in der schwedischen Erzähltradition herauskristallisiert: «Schusselgeschichten». Im Kreise der Lieben daheim vor dem Kamin oder bei einem Essen mit Freunden wird ab jetzt immer die Frage auftauchen: «Weiß einer von euch eine gute Schusselgeschichte?»
Zusammen mit den Mitgliedsanträgen sind Hunderte von Berichten bei uns eingetroffen, die ein Bild davon vermitteln, dass Zerstreutheit in Schweden wesentlich verbreiteter ist, als die meisten Leute es sich vorstellen können. Eine Auswahl davon ist in diesem Buch enthalten. Ein Dankeschön an euch Mitglieder und alle anderen, die ihre Erlebnisse mitgeteilt und uns zu einer Veröffentlichung ermuntert haben. Eure Erlebnisberichte bieten nicht nur Anlass für viel Heiterkeit, sie sind auch eine prima Unterstützung für uns andere Zerstreute, die ein Gefühl von Gemeinschaft und Geborgenheit empfinden angesichts der Tatsache, dass wir nicht die Einzigen mit dieser wunderbaren Eigenschaft sind.
Ein Handbuch wäre kein Handbuch, wenn es keine Tipps enthielte, die das Leben ein klein wenig einfacher machen können. Wie viel Zeit verbringen wir nicht damit, Dinge zu suchen? Welche Stressrekorde haben wir nicht schon aufgestellt? Wie viel Geld haben wir nicht schon verloren? Hier heißt es Zeit gewinnen, Nerven beruhigen und Geld sparen.
Ein Junge im Teenageralter berichtete, dass er in den letzten drei Jahren Dinge im Wert von über 1000 Euro verschusselt hat. Kleidungsstücke, CDs, Bücher, einen Walkman und jede Menge lieb gewordenen Kleinkram. Andere haben ihre Autos demo-

liert, indem sie vergessene Fahrräder überfuhren, sind von Inkassomitarbeitern gejagt worden, weil sie vergessen hatten, ihre Rechnungen zu bezahlen, haben große Lotteriegewinne in den Sand gesetzt, weil sie vergaßen, den Tippschein abzugeben und so fort.

Einfache Routinen einzuüben kann Geld und Zeit sparen. Oft reden wir von lächerlich simplen Sachen. Ich selbst habe zum Beispiel erst kürzlich einen Tipp befolgt, den Anders Gustafson an den Verein geschickt hatte, nämlich sich anzugewöhnen, jeden Tag Schlüssel und Brieftasche in EINE spezielle Schublade zu legen, wenn man nach Hause kommt. Jetzt finde ich beides (fast) immer wieder. Allein schon mit diesem Trick erspare ich mir 20 bis 30 Minuten pro Woche (rund einen ganzen Tag pro Jahr!) und jede Menge Stresshormone. Danke, Anders!

Ich hoffe, dass du, der oder die du dieses Buch in Händen hältst, einen Tipp darin findest, der zu dir passt. Wer gute Tricks kennt, die hier nicht aufgeführt sind, ist herzlich eingeladen, sie für eine eventuelle Veröffentlichung auf www.tankspridd.se oder www.distractedpeople.com zu mailen. Die Mailadresse lautet: johan.rapp@distractedpeople.com.

Die Ratschläge in diesem Buch sind selbstverständlich nicht dazu gedacht, die Zerstreutheit zu kurieren. Im Gegenteil, sie sollen es uns Zerstreuten erleichtern, weiterhin zerstreut zu bleiben. Die Zerstreutheit, von der wir hier sprechen, ist die Fähigkeit, sich ungeachtet äußerer Turbulenzen den eigenen Gedanken hinzugeben – oder, anders ausgedrückt: die Fähigkeit, sich so intensiv auf eine Sache zu konzentrieren, dass wir alles andere vergessen. Das ist eine Gabe, die es zu schützen gilt. Dass sie eine Reihe von komischen und lästigen Nebeneffekten mit sich bringt, gibt es sozusagen gratis dazu.

Wir werden uns die verschiedenen Formen der Zerstreutheit im Kapitel «Zerstreutheit und ihre Nachbarn» genauer ansehen. Wir werfen auch einen Blick auf Recht und Zerstreutheit, Militär und Zerstreutheit, Technik und Zerstreutheit und machen uns Gedanken darüber, wie sich Zerstreutheit auf die Volkswirtschaft eines Landes auswirken kann. Und auf die Liebe: Wie ist das Zusammenleben mit uns Zerstreuten?

An der Bewältigung dieser heiklen Fragen haben viele Helfer mitgearbeitet, die ihre Ansichten und anderes in der guten Absicht beigesteuert haben, uns Zerstreute zu unterstützen. Zuallererst ein Dankeschön an alle, die ich vergesse zu erwähnen. Und danke an die PR-Agentur Appelberg (die den Mut hat, mich als Angestellten zu beschäftigen), an Henrik Ahlén, Susanna Lidström, Julia Marshall, Åke Malm, Art Max, Gudmund Rapp, Petra und Linda Emtestam, Lotta Vareman, Karin Strand, den Verlag Wahlström & Widstrand, Anders Rask, Lars Olson, Sven-Erik Fernaeus, Camilla Hyltén-Cavallius, Peter Martinsson, Lennart Melchior, Marie Sandström, Peter Englund, Ronnie Stjärnljus sowie Bruno und Yvonne Ehrs.

Und ein besonderes Dankeschön an Tina und meinen Sohn Max, mit denen ich mein Leben teile.

ZERSTREUTHEITSTEST

Zähle die Punkte zusammen und stelle fest, wie zerstreut du bist.

1. Wie oft musst du zurück in deine Wohnung gehen, weil du irgendwas zu Hause vergessen hast (Handy, Geldbörse o. Ä.)?
   a: Täglich, oft mehrere Male. **(2)**
   b: Einmal in der Woche. **(1)**
   c: Nie. **(0)**

2. Wie oft nennst du deine Lieben beim falschen Vornamen?
   a: Oft. Es ist jedes Mal aufs Neue peinlich. **(2)**
   b: Ist schon vorgekommen, leider. **(1)**
   c: Passiert mir nie. **(0)**

3. Wie oft schaffst du es, pünktlich zu sein?
   a: Manchmal. **(2)**
   b: Oft. **(1)**
   c: Bin extrem pünktlich. **(0)**

4. Wie oft schaffst du es (bzw. hast du es geschafft), die richtigen Bücher mit in die Schule zu bringen?
   a: Das kann schon mal vorkommen. **(2)**
   b: Meistens – wenn mir jemand hilft. **(1)**
   c: Immer. **(0)**

5. Wie oft rufst du dein Handy an, um es zu finden?
   a: Mehrmals pro Woche. **(2)**
   b: Ganz selten. **(1)**
   c: Ich weiß immer, wo es liegt. **(0)**

6. Gehörst du zu denen, die vergessen, die Probesocken auszuziehen, wenn sie ein Schuhgeschäft verlassen?

a: Das passiert schon mal. **(2)**
b: Das wird noch passieren. **(1)**
c: Es ist verboten, sie anzubehalten. **(0)**

7. Hast du jemals vergessen, deine Kinder in den Kindergarten zu bringen oder von dort abzuholen, oder hast du schon mal einen anderen Angehörigen irgendwo vergessen?

a: Ist schon vorgekommen. **(2)**
b: Ich habe eine Mordsangst, dass es mir passiert. **(1)**
c: Niemals. **(0)**

8. Bist du froh, dass es einen Verband gibt, der die Zerstreuten unterstützt und ihnen hilft?

a: Endlich! **(2)**
b: Das war mir schon wieder entfallen. **(1)**
c: Besser wäre ein Verein für Ordnung. **(0)**

9. Bist du der Typ, der vergisst, seine Post einzuwerfen und mit Taschen voller Ansichtskarten aus dem Urlaub heimkehrt?

a: Ich vergesse immer, Ansichtskarten zu kaufen. **(2)**
b: Die Hälfte schicke ich immerhin ab. **(1)**
c: Ich versende all meine Post rechtzeitig. **(0)**

10. Hast du einen Trick, um dich an Sachen zu erinnern, die du auf keinen Fall vergessen darfst?

a: Ich programmiere mein Handy, den PC, schreibe Zettel und bitte meine Freunde, mich zu erinnern. **(2)**
b: Ich schreibe Zettel (die ich meistens vergesse). **(1)**
c: Ich brauche keine Tricks. **(0)**

Auswertung des Zerstreutheitstests:

15–20 PUNKTE

Herzlichen Glückwunsch! Du bist extrem zerstreut – ein wahrer Spezialist darin, sich auf etwas zu konzentrieren und alles andere zu vergessen.

6–14 PUNKTE

Du bist zerstreut, kannst dich aber darin noch verbessern. Gib deiner Zerstreutheit freie Bahn und genieße das Leben, aber sei auf die Reaktionen deiner Mitmenschen gefasst.

0–5 PUNKTE

Leider hast du dich nicht als zerstreut qualifiziert. Aber das kann man üben. Gib deiner menschlichen Seite etwas mehr Raum, indem du einen Zerstreuten nachahmst, den du kennst.

Ausspruch eines wahrhaft Zerstreuten:
Zuerst dachte ich, du bist es, dann dachte ich,
es ist deine Schwester, aber jetzt sehe ich,
dass es keiner von euch beiden ist.
Hans, Göteborg

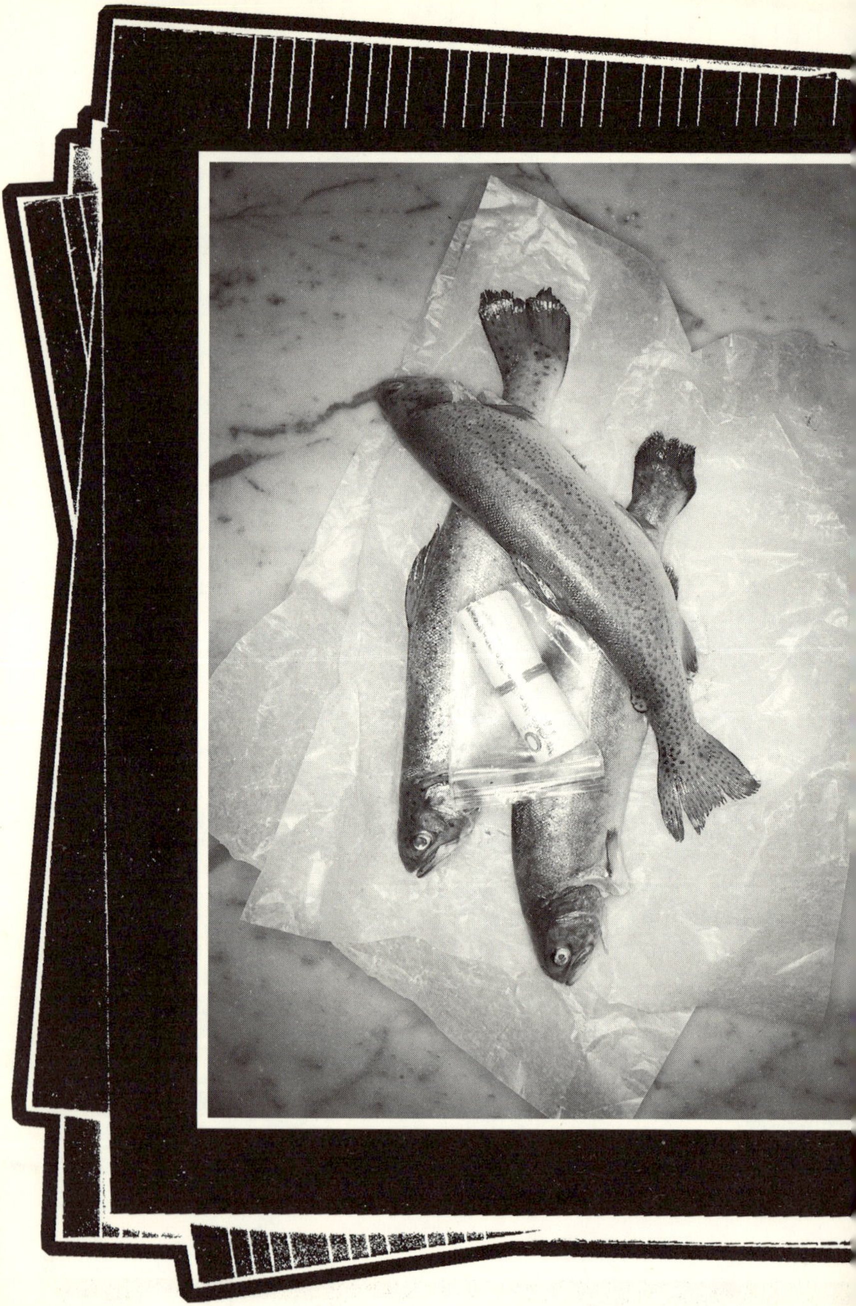

Erfahrungsberichte von Zerstreuten

Zerstreutheit ist eine feine Eigenschaft, auf die man stolz sein sollte. Nicht jeder kann von sich behaupten, zerstreut zu sein. Hier folgen Erlebnisberichte von Menschen, die sich als solche qualifiziert haben. Mehrere davon stammen aus Anträgen um Aufnahme in den Reichsbund der Zerstreuten.
Viele Betroffene werden ein Gefühl von Gemeinsamkeit und Zusammengehörigkeit empfinden, wenn sie diese Berichte lesen. Nichtzerstreute können daraus ersehen, welche Tragweite Zerstreutheit im Alltagsleben hat.

Wollte Lebensmittel einkaufen

In der Regel vergesse ich die Handtasche auf dem Autodach und stelle meinen frisch gebrühten Kaffee in den Kühlschrank. Als ich einmal mit dem Auto in die Stadt zum Einkaufen fahren wollte, landete ich auf dem Parkplatz der Firma, in der ich arbeite. Ich wunderte mich noch, warum der so leer war. Erst als ich ins Büro kam, fiel mir ein, dass Samstag war und ich ja eigentlich ganz woandershin wollte.

Birgit, Lund

Da fehlte eine Million

Ich arbeite in einer Firma für Werttransporte und habe oft mit mehrstelligen Millionenbeträgen zu tun. Einmal bemerkten mein Kollege und ich am Ende einer Schicht, dass eine Million Kronen fehlte. Keiner von uns konnte sich erklären, wo das Geld geblieben war. Bei diesem Transport hatte ich die Verantwortung für die Fracht. Wir suchten und suchten. Nach einer Weile waren wir ziemlich fertig mit den Nerven, und mein Kollege sagte: «Du musst doch verdammt nochmal wissen, wo du das Geld hingetan hast.»

«Nein», sagte ich. «Keine Ahnung. Ich kann mich beim besten Willen nicht erinnern.»
Da wurde mein Kollege mächtig wütend und durchwühlte sogar den Papierkorb.
Und da lag es!
Ich starrte in den Papierkorb und fragte mich: Wie ist das da bloß hingekommen?
«Was geht eigentlich in deinem Kopf vor?», schimpfte mein Kollege. «Du kannst doch kein Geld wegschmeißen!»
Also, bis heute habe ich nicht den blassesten Schimmer, wie das Geld in den Papierkorb gekommen ist. Aber ich habe früher schon Sachen verbummelt. Ich bin wohl einfach zerstreut.

Ein Transportfahrer

Sie nahm den Bus

Meine Freundin muss Mitglied im Reichsbund der Zerstreuten werden. Unter anderem hat sie einmal vergessen, das Auto zu nehmen, und ist stattdessen mit dem Bus zum TÜV gefahren!

Linda, Åkersberga

Bei uns liegt es in der Familie

Einmal, als ich von Skåne nach Stockholm gefahren bin, begann es nach einiger Zeit im Auto zu stinken. Es wurde immer schlimmer. Die Kinder beschwerten sich. Uns allen wurde schlecht. Als wir durch Jönköping fuhren, war es nicht mehr auszuhalten. Wir hielten an einem McDonald's. Als ich dann mein Portemonnaie aus dem Kofferraum holen wollte, schlug mir ein widerlicher Gestank entgegen. Direkt vor meiner Nase stand die Abfalltüte!
Langsam dämmerte es mir. Ich hatte die Regensachen der Kinder in die Mülltonne geworfen, bevor wir losfuhren, und stattdessen den Abfall mit auf die Reise genommen.
Apropos Kinder: Was die kleinen blauen Plastikschützer angeht, die man sich am Eingang der Kita über die Schuhe ziehen muss,

wenn man seine Kinder abholt – eine Zeit lang war der ganze Fußboden im Auto übersät mit diesen blauen Plastikdingern. Ich habe einfach ständig vergessen, sie wieder auszuziehen …
In meiner Familie reden wir oft Unsinn. Meine Mutter geht jeden Morgen mit ihrem Hund spazieren. Einmal kam sie an einem schönen Garten vorbei. Sie ist ganz verrückt nach Gärten. Sie blieb also stehen und spähte durch ein Loch in der Hecke. Plötzlich merkte sie, dass ein Mann auf der anderen Seite der Hecke stand und zurückstarrte. Ziemlich verlegen sagte sie: «Oh, Entschuldigung. Ich habe nur gerade Ihre Hyazinthen bewundert.»
Der Mann sagte nichts dazu, also ging meine Mutter weiter. Es dauerte eine Weile, bis ihr aufging, was sie gesagt hatte, und da verstand sie, warum der Mann so seltsam gewesen war. Es gab gar keine Hyazinthen in dem Garten. Was sie gemeint hatte, war sein Flieder!

Annika, Löberöd

Schwiegermutter greift ein

Mein Mann und meine Mutter fuhren im Sommer einmal zusammen zur Tankstelle, weil mit der Anhängerkupplung etwas nicht in Ordnung war. Wir haben einen weißen Nissan.
Mein Mann ging also in die Werkstatt, um jemanden zu holen, der sich das ansehen sollte. Unterdessen fuhr ein anderes weißes Auto auf den Parkplatz. Der Fahrer ging ebenfalls in die Werkstatt. Meine Mutter war im Auto sitzen geblieben und wartete. Plötzlich sah sie ihren Schwiegersohn in dem anderen weißen Auto! Was machte er da? Er saß hinter dem Lenkrad und gestikulierte und schimpfte, weil das Auto nicht ansprang. Meine Mutter winkte und rief, um ihn darauf aufmerksam zu machen, dass er im falschen Auto saß und außerdem seine Schwiegermutter vergessen hatte! Es dauerte eine Weile, bis er es endlich bemerkte.
Er macht andauernd so ulkige Sachen. Ich habe mich mittlerweile daran gewöhnt, nur unsere Freunde wundern sich immer, wie ich

das aushalte. Aber er ist ja ein ganz Lieber, und manchmal kann es richtig lustig sein.

Tina, Upplands Väsby

Unterwegs in seiner eigenen Welt

Bin eines Morgens auf halbem Weg zur Arbeit, als mein Kunde, dessen Firma in der entgegengesetzten Richtung liegt, anruft und fragt, wann ich denn komme. Oder ich fahre auf dem Weg zur Arbeit an der Autowerkstatt vorbei und denke, dass ich langsam mal einen Termin ausmachen sollte. Kaum bin ich im Büro, ruft die Werkstatt an und fragt, wo ich denn bleibe.

Clas, Ulricehamn

Ein Engel betrat das Schiff

Ich will gerne erzählen, was meine Vergesslichkeit oder Zerstreutheit mir eines Tages im Sommer 1980 bescherte, als ich Assistentin eines Schiffsmaklers in Nynäshamn war. Ich hatte wie üblich einen stressigen Morgen, wie man ihn als Alleinerziehende mit zwei schulpflichtigen Kindern und einer Katze öfter mal hat.

Kleider sind schon immer meine große Leidenschaft gewesen, und an diesem Morgen hatte ich mein neues weißes indisches Spitzenkleid angezogen, mit einem dazu passenden weißen, bestickten Unterrock. An den Füßen todschicke hochhackige Pumps. Die sonnengebleichten blonden Haare hochgesteckt und an den Ohren große Creolen. Ich brachte den Kindern ihr Frühstück ans Bett, ließ die Katze raus und fuhr mit dem Rad zur Arbeit.

Die Sonne brannte vom wolkenlosen Himmel. Da fiel es mir siedend heiß ein! Am Tag zuvor hatte man mir gesagt, dass ich ganz allein den größten Öltanker klarieren sollte, der jemals unseren Ölhafen angelaufen ist. Der Tanker hieß «Torshavet» und lag draußen vor Rånö.

Auf einem Öltanker muss man praktische Kleidung tragen, die Schmutz verträgt. Mein Kleid war völlig fehl am Platz, aber die

Zeit reichte nicht mehr, um nach Hause zu fahren und mich umzuziehen. Das Lotsenschiff «Bamse» wartete schon am Kai. Ich musste mit meinen hochhackigen Schuhen an Bord klettern und wurde hinaus zu dem Tanker gebracht.
Die Besatzung, die so gut wie vollzählig oben an der Reling stand, rieb sich verwundert die Augen. Da kam ich im weißen Spitzenkleid mit Stilettos an den Füßen und einer großen schwarzen Aktentasche umgehängt die lange Leiter hochgeklettert – auf einen schmutzigen Öltanker! Wahrscheinlich dachten sie, da kommt ein Engel. Aber die Klarierung verlief reibungslos, und alle waren zufrieden.

Anki, Nynäshamn

Anruf von der Tankstelle

Auf der Heimfahrt aus dem Urlaub tankte ich an einer Tankstelle. Mein zehnjähriger Sohn durfte unterdessen in den Shop gehen und sich etwas Süßes kaufen. Als der Tank voll war, fuhr ich weiter. Nach einer Weile klingelte mein Handy, der Tankstellenpächter wollte wissen, ob ich meinen Sohn nicht mit nach Hause nehmen wollte.

Lennarth, Skövde

Sie fühlte sich elend

Eine ehemalige Arbeitskollegin aus der Werbeagentur, in der ich arbeite, war auf einer Party gewesen, und als sie am nächsten Morgen aufwachte, stellte sie fest, dass sie am Abend vorher wohl ein bisschen zu tief ins Glas geschaut hatte. Kurz gesagt, sie fühlte sich kotzelend, also blieb sie im Bett und rief in der Agentur an, um zu sagen, dass sie nicht kommen könne.
«Macht nichts», sagte die Dame am Empfang. «Du arbeitest schon seit zwei Monaten nicht mehr hier.»

Ulla, Solna

Die Hochzeit kam dazwischen

Ich machte einen Termin mit einem wichtigen Kunden. Ein paar Tage später fiel mir auf, dass dieser Termin schon verbucht war. Es war nämlich der Tag meiner Hochzeit. Also rief ich den Kunden an, und er fand, dass ich allen Grund hatte, unseren Termin zu verschieben. Zum Glück ist meine frisch gebackene Ehefrau genauso zerstreut wie ich. Wir lachen uns schief über solche Missgeschicke. Aber es war wohl doch gut, dass ich den Kundentermin verschoben habe und nicht die Trauung.

Mats, Färingö

Da stimmte etwas nicht mit der Badehose

Ich war mal Leistungsschwimmer. An einem Frühlingstag 1996 fand der Emmaboda-Cup für junge, begabte Nachwuchsschwimmer statt. Ich hatte mich für 100-m-Freistil gemeldet und war einer der Favoriten für die Endausscheidung. Ich war überzeugt, dass mir damit der Durchbruch als Schwimmer gelingt. Alle Wettbewerbsteilnehmer stellten sich hinter den Startblöcken auf und machten sich warm, während der Hallensprecher uns dem Publikum vorstellte. Als der Sprecher meinen Namen sagte, warf ich meinen Bademantel ab, machte meine Schwimmbrille nass und sprang auf den Startblock. Aber irgendwas fühlte sich falsch an. Da entdeckte ich, dass ich statt der Badehose meine ausgebeulte Feinripp-Unterhose trug. Beschämt stieg ich vom Startblock. Meine Schwimmkarriere war endgültig vorbei, als ich einige Wettkämpfe später nach großzügigem Vorsprung eine Bahn zu früh aufhörte und dachte, ich hätte gewonnen.

Hampus, Karlskrona

Wein einmal anders

Wir wollten ein großes Fest geben mit einer Menge Gäste, und ich hatte in der Küche alle Hände voll mit der Zubereitung des Essens zu tun. Plötzlich fiel mir ein, dass ich vergessen hatte, den Rot-

wein zu entkorken, damit er atmen konnte, und dass die Flaschen draußen standen und eiskalt waren. Also machte ich die Flaschen auf und stellte sie auf den Herd, weil sie schnell Raumtemperatur annehmen sollten. Und vergaß sie dort – bis ich ein merkwürdig brodelndes Geräusch hörte. Genau, das war der Wein, der in den Flaschen kochte! Was blieb mir übrig, als die Flaschen schnell wieder zu kühlen und keine Miene zu verziehen.
Dass der Alkohol verdunstet war und der Wein alle nur erdenklichen Misshandlungen hinter sich hatte, ist offenbar keinem unserer Gäste aufgefallen.

Nina, Farsta

Der Lokführer war sauer

Einmal, als ich auf der Buchmesse in Frankfurt war, saßen wir zu mehreren im Vorortzug beisammen und unterhielten uns so angeregt, dass wir die Endstation verpassten. Der Lokführer wurde mächtig sauer, als er sah, dass immer noch Leute im Zug saßen, und weigerte sich, uns auf den Bahnsteig zu lassen. Wir wurden im Waggon eingeschlossen und mussten so lange warten, bis er mit seiner Pause fertig war.

Bettan, Stockholm

Kein Rückruf unter dieser Nummer

Die Leute beschwerten sich immer, dass ich nie zurückrufe, wenn sie eine Nachricht auf meiner Mailbox hinterlassen haben. Deshalb habe ich jetzt eine passende Ansage aufgenommen: «Hallo, hier ist Magnus. Ich rufe zurück, falls ich daran denke – und falls ich mein Handy finde.»

Magnus, Sköldinge

Ein sonniger Tag

Normalerweise nehme ich den Vorortzug zur Arbeit. Eines Tages beschloss ich, mit dem Auto zu fahren, da ich nur einen halben

Tag arbeiten musste. Die Sonne schien, als ich Feierabend machte. Ich ging durch die Stadt und näherte mich schon dem Bahnhof, als mir einfiel: Du bist ja mit dem Auto da! Was blieb mir anderes übrig, als den ganzen Weg zum Büro zurückzulaufen. Und als ich am Auto ankam, was steckte wohl hinter dem Scheibenwischer? Richtig, ein Strafzettel.

Ingrid, Rönninge

Die Bürokratie ist der ärgste Feind der Zerstreuten.

Und leider hat die Bürokratie oft das Gesetz auf ihrer Seite.

Zerstreutheit und Recht

Die Rechtsprechung nimmt tatsächlich Rücksicht darauf, dass Menschen zerstreut sein können. Zumindest teilweise. Dafür sind wir dankbar.

Szenario 1:
Kalle stolpert über seine Schnürsenkel (die er vergessen hat zuzubinden) und rempelt Bengt an, der hinfällt und sich zwei Vorderzähne ausschlägt.

Szenario 2:
Kalle versetzt Bengt eine knallharte Gerade, sodass zwei Vorderzähne herausfliegen.

Zwischen diesen beiden Szenarien besteht ein gewaltiger Unterschied. Das denken die meisten, auch die Juristen, denn entscheidend ist, ob die Handlung absichtlich oder unabsichtlich geschah. In beiden Fällen ist Bengt um zwei Zähne ärmer, für ihn dürfte der Unterschied also eher gering sein, aber die rechtlichen Konsequenzen für den, der vergessen hat, seine Schnürsenkel zuzubinden, fallen milde aus, wenn es überhaupt welche hat. Schäden, die «gezielt und mit Vorsatz» verursacht werden, sind stets schlimmer und werden härter bestraft. Aber wir Zerstreuten tun nichts gezielt und mit Vorsatz, schon *per definitionem* nicht. Was nicht heißen soll, dass Zerstreute nicht absichtlich ein Verbrechen begehen können, aber wenn sie das tun, sind sie im Augenblick der Tat sicherlich nicht zerstreut.
In einem Fall, der vor den Obersten Gerichtshof kam, hatte ein Richter es ein Jahr lang versäumt, ein bei ihm hinterlegtes Dokument herauszugeben. Wenn er sich geweigert hätte, es zu tun, wäre das ein schweres Dienstvergehen gewesen. Aber der

Richter konnte seine Zerstreutheit so überzeugend darlegen, dass das Gericht es als zweifelsfrei erwiesen ansah, dass er die ganze Sache einfach vergessen hatte. Dies sowie einige andere Umstände waren der Grund dafür, dass das Versäumnis als «geringes Dienstvergehen» eingestuft wurde.

Die teilweise verständnisvolle Haltung der Justiz in Bezug auf Zerstreutheit ermuntert natürlich zu dem Versuch, Zerstreutheit vorzutäuschen. Der Staatsanwalt bedrängt den Angeklagten im Verhör, und dieser antwortet: «Ich weiß nicht mehr … Meine Aufmerksamkeit war auf etwas anderes gerichtet … Ich dachte nicht daran, dass ich ein Messer in der Hand hielt …» Der Verdächtige versucht vielleicht, den Mord als das Ergebnis einer Reihe unglücklicher Umstände darzustellen, in der Hoffnung, dass die Tat als Totschlag eingestuft wird oder, noch milder, als Körperverletzung mit Todesfolge. Das ist natürlich nicht gerade die feine englische Art. Zerstreutheit darf nicht missbraucht werden.

Ein anderer Aspekt gilt dem Zeugen. Wie gut erinnern wir uns? Oftmals vergehen Monate oder noch länger zwischen dem Verbrechen, das man gesehen hat, und der Zeugenaussage vor Gericht. Die Gedächtnisforschung belegt, dass Menschen sich nur selten fotografisch erinnern. Die Erinnerungsbilder verändern sich unter dem Einfluss unserer Gedanken und Gespräche rund um ein Ereignis. Je mehr Zeit verstreicht, desto größer ist die Gefahr einer Verfälschung. Aber eins steht fest: Wenn du Kalle kennst und siehst, wie er deinem guten Freund Bengt die Zähne ausschlägt, wirst du dich dein Leben lang daran erinnern – Vergesslichkeit hin oder her.

Wenn man einen Vertrag abschließt, schreibt das Gesetz mehrere «Besinnungspausen» oder Schritte vor, damit man die Möglichkeit hat, gründlich nachzudenken, bevor man sich zu etwas verpflichtet oder etwas unabsichtlich kauft. Stell dir vor, du klickst hier und da im Internet herum und – schwups – bist du Besitzer eines Autos. Das darf natürlich nicht sein. Bei den meisten Geschäften, beispielsweise beim Hauskauf, sind so viele Schritte und Dokumente nötig, dass man sich mitunter durchaus fragt, ob einem das Haus jemals gehören wird. Nach juristischer Auffassung dient das dazu, uns vor impulsiven Käufen zu schützen.

Aber wenn man erst einen Vertrag eingegangen ist, gehört eine Menge dazu, ihn wieder aufzuheben. Mit der Behauptung, man hätte bei Vertragsabschluss gerade an etwas anderes gedacht, wird man wohl kaum durchkommen.

Wenn man Eigentum verschenken will, gibt es ebenfalls ein paar Hürden, damit man die Möglichkeit hat, es sich gut zu überlegen. Nehmen wir an, du sagst zu jemandem: «Dieses Bild bekommst du nach meinem Tod.» Es genügt nicht, dass du diese Zusage unter vier Augen machst. Wer weiß, vielleicht hast du das Bild ja schon einem anderen versprochen? Die Schenkung sollte vor Zeugen erfolgen oder besser noch in einem beglaubigten Testament schriftlich niedergelegt werden. Falls du es dir anders überlegen solltest, kannst du das Testament ja jederzeit zerreißen.

Gesetze und Verordnungen sind wie Zaunpfähle, die uns Bürger in bestimmte Richtungen lenken, indem sie uns zeigen, wo die Grenzen verlaufen. Meistens ist man so weit vom Zaun entfernt, dass man ihn gar nicht sieht. Es versteht sich von selbst, wo man sich frei bewegen darf. Einige Menschen gehen sehr nah am Zaun entlang (in der Grauzone) und nehmen vielleicht die Hilfe eines Juristen in Anspruch, um eine Lücke im Zaun (ein Schlupfloch) zu finden. An manchen Stellen sind die Zäune durch Mauern aus Stein ersetzt worden, bewacht von Paragraphenreitern (Bürokratie). Hier wird es besonders hart für uns Zerstreute. Versuch mal, eine Politesse unter Hinweis auf deine Zerstreutheit dazu zu bringen, dass sie dir keinen Strafzettel verpasst. Oder das Finanzamt um Nachsicht dafür zu bitten, dass du deine Steuererklärung zu spät abgibst, weil du vergesslich bist. Die Bürokratie ist der ärgste Feind der Zerstreuten. Und leider hat die Bürokratie oft das Gesetz auf ihrer Seite. Versicherungsgesellschaften gehören zu den Branchen, die nur deshalb blühen, weil Menschen Fehler begehen und Schäden verursachen. Wir Zerstreuten sind eine wichtige Zielgruppe.

Man könnte meinen, dass Versicherungen in erster Linie einen Schutz gegen die Missetaten anderer Leute bieten – Autodiebstahl, Einbruch usw., aber ebenso wichtig ist der Schutz vor uns selbst. Ein Beispiel: Eine Person vergisst, die Herdplatte auszuschalten (der Albtraum aller Zerstreuten), und das Haus brennt ab. Im Versicherungsjargon war die Person «unachtsam» (eine freundliche Umschreibung für schusselig). Die Hausratversicherung springt ein und ersetzt einen größeren Teil des Schadens. Oder jemand hat vergessen, in der Ferienhütte vor Einbruch des Winters das Wasser aus der Leitung zu lassen. Das Wasser gefriert, die Wasserleitung platzt, und es gibt eine Überschwemmung, die größeren Schaden anrichtet. Die Versicherung zahlt, wenn auch unter Anrechnung einer sehr hohen Selbstbeteiligung.

Ein Prinzip lautet, je «unachtsamer» man ist, desto geringer fällt die Versicherungsleistung aus. Du hast vergessen, dein Fahrrad abzuschließen, und es wird gestohlen. Du bekommst zwar eine gewisse Summe erstattet, aber die ist wesentlich geringer, als wenn du dein Fahrrad abgeschlossen hättest und es dann gestohlen worden wäre.

Es gibt Zusatzversicherungen, die Vergesslichkeit abdecken. Du liegst am Strand und sonnst dich. Du stehst auf, ziehst den Bauch ein, schiebst die Brust raus und schlenderst ins nächste Strandcafé. Leider vergisst du deine Rolex im Wert von 25000 Euro auf dem Handtuch. Als du zurückkommst, ist sie weg. Zerstreute Menschen sollten möglichst keine extrem teuren

Uhren besitzen. Das ist das Erste, was wir festhalten können. Die Versicherungsgesellschaft ist der Ansicht, dass es «grob fahrlässig» sei, diebstahlgefährdete Dinge unbeaufsichtigt an einem öffentlichen Strand herumliegen zu lassen. Deine Hausratversicherung erstattet dir nichts oder nur eine geringe Summe. Wenn du keine Versicherung speziell für diese Uhr hast, dann vielleicht eine extra Versicherung, die ausdrücklich auf Zerstreutheit Rücksicht nimmt und deshalb bei Fahrlässigkeit ein Auge zudrückt. Solche Versicherungen werden manchmal Trottelversicherung genannt. Trottel ist keine nette Bezeichnung für Zerstreute, aber immerhin bekommt man den Schaden ersetzt. Wunderbar. Obwohl die Sache natürlich einen Haken hat, wie fast immer, wenn es darauf ankommt. Die maximale Erstattungssumme ist begrenzt, meist nur auf ein Drittel des eigentlichen Wertes …

Gesetze sind dem Zerstreuten also Freund und Feind zugleich. Und Versicherungen sind ein Auffangnetz, aber eines mit weiten Maschen.

DAS GESETZ DER ESKALIERENDEN ZERSTREUTHEIT $z=n^2$

Ein Aspekt der Zerstreutheit (einer, der ziemlich viel Raum einnimmt) besteht darin, dass wir oft Sachen verlegen und vergessen. Wie oft, das hängt von unserem Zerstreutheitsprofil ab. Zerstreute haben ein eigenes Vergesslichkeits- und Verbummelniveau, das für gewöhnlich recht konstant ist. Aber manchmal kann die Zerstreutheit überschießen und sich exponentiell entwickeln. Wir nennen dies das Gesetz der eskalierenden Zerstreutheit.

Wenn man etwas verlegt oder vergisst, verursacht das Stress, der die Zerstreutheit erhöht, wodurch das Risiko steigt, dass man wieder etwas verlegt, und der Stress wächst, was wiederum das Risiko erhöht, dass man noch mehr verlegt oder vergisst, was den Stress steigert, der wiederum …

Am Ende blinken alle roten Warnlampen: Wie heiße ich? Wo muss ich hin? Wir haben einen Zustand akuter Zerstreutheit erreicht. Besonders groß ist das Risiko vor dem Urlaub, so ungefähr eine Stunde vor dem Abflug (wo sind meine Hose, meine Schuhe, mein Pass?!), vor einer Hochzeit (was war das noch, was ich vor dem Kuss sagen muss?), vor einer Prüfung in der Schule (an welchem Tag war die gleich?), vor einem Vortrag in der Firma (o nein! Alle Unterlagen sind zu Hause!).

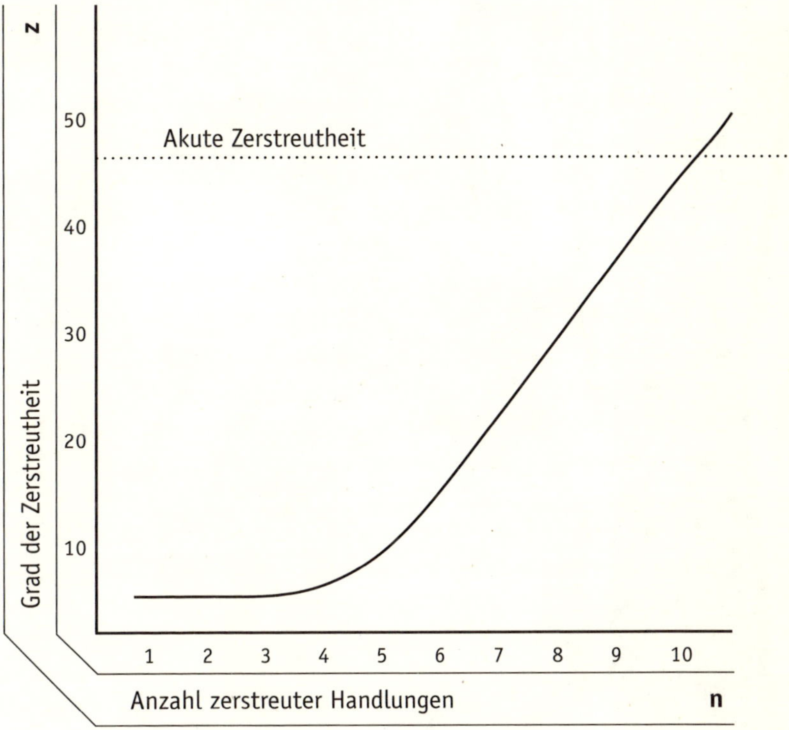

z (Grad der Zerstreutheit) = $\mathbf{n}^2$ (Anzahl zerstreuter Handlungen).

Das bedeutet, wenn wir mehr als zwei oder drei Sachen innerhalb kurzer Zeit vergessen oder verlegen, steigt unsere Zerstreutheit dramatisch (exponentiell) an. Wir laufen Gefahr, in einen Zustand akuter Zerstreutheit zu geraten (horizontale gepunktete Linie).

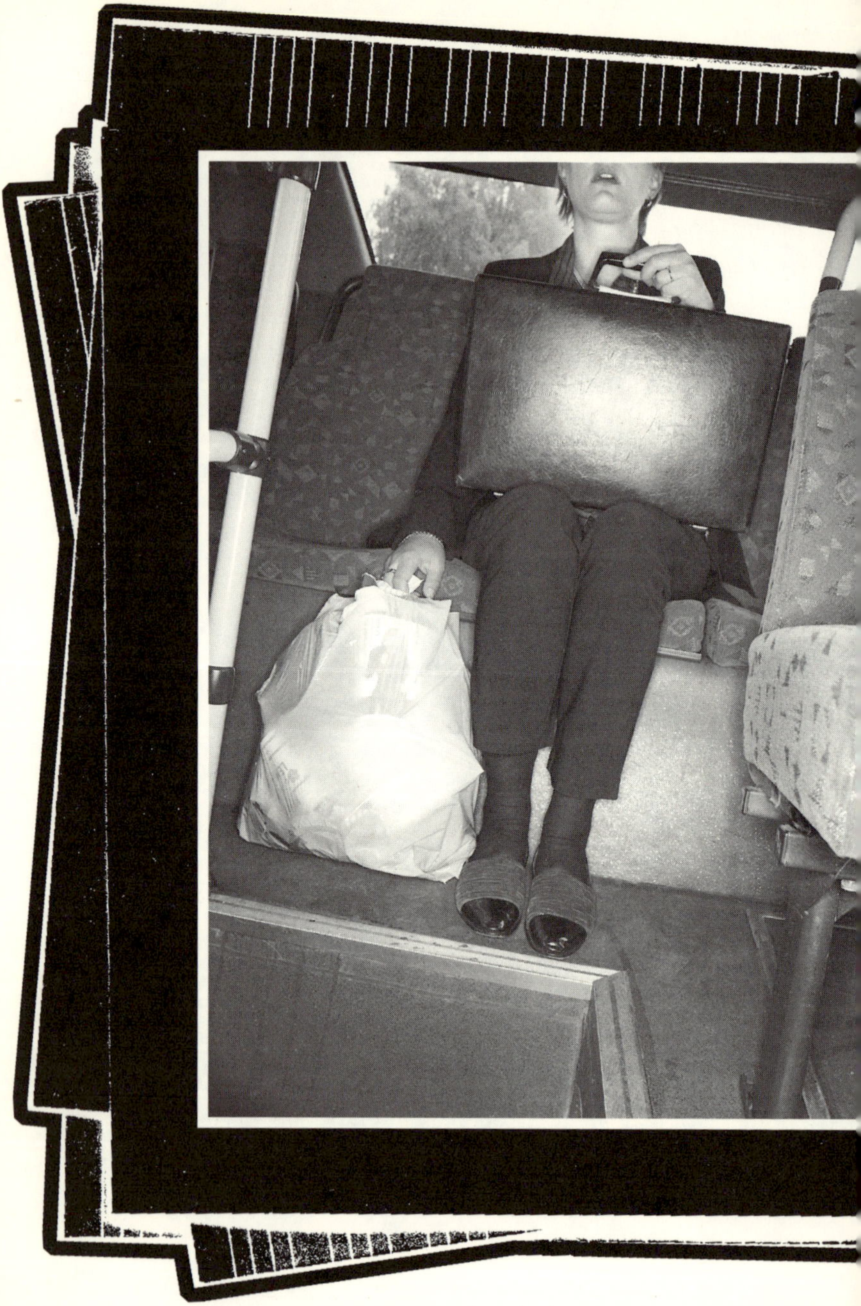

Noch mehr Erfahrungsberichte ...

Wir Zerstreuten tun viele seltsame Dinge. Lest selbst.

Warm in der Tasche

Einmal ging ich mit meiner Hündin Gassi, und als sie ihren Haufen gemacht hatte, tat ich ihn in die Gassitüte und warf sie in den Koteimer. Eine Weile später saßen wir im Bus. Was roch denn da so streng? Ich dachte erst, meine Hündin hätte Blähungen (sie lag unter dem Sitz). Aber wie sich herausstellte, hatte ich meine Geldbörse in den Koteimer geworfen und die Gassitüte in die Brusttasche meiner Jacke gesteckt.
Ein andermal wollte ich zur Arbeit gehen, ich hatte meine Arbeitsklamotten gewaschen und sie in einen Plastikbeutel getan. An dem Morgen hatte ich es eilig und warf den Müllbeutel in den Abfallschacht im Treppenhaus. Als ich bei der Arbeit ankam, hatte ich den Müll mitgenommen. Ratet mal, wo die Arbeitskleidung lag.

Jonas, Göteborg

Papa macht das Licht aus

Råland ist Hockeytrainer, und bei einem Turnier in Brunflo (außerhalb Östersunds) sagte seine Tochter Sanna, dass sie noch auf die Toilette müsse, und bat Råland zu warten. Der vergaß das allerdings völlig. Er schloss die Schule ab, in der sie gewesen waren, und gab dem Bus das Zeichen zur Abfahrt (heim nach Skellefteå, eine ziemlich weite Strecke). Als Sanna aus der Toilette kam, war die ganze Schule dunkel, alle Türen zugesperrt, und der Bus war weg. Zum Glück war er noch nicht weit gekommen, als Sannas Teamkameradinnen auffiel, dass sie fehlte. Erst da bemerkte Råland seinen Fehler.

Sanna, Skellefteå

Rechnen per Fernbedienung

Ich wollte den Preis einer Ware inklusive Mehrwertsteuer auf einem Taschenrechner ausrechnen und stellte verwundert fest, dass ich im Begriff war, die Beträge in die Fernbedienung des Fernsehers einzutippen.

Moritz, Kalmar

Gewaschene Luft

Die Waschmaschine war fertig, deshalb räumte ich sie aus, packte die Wäsche in den Trockner und schaltete die leere Waschmaschine an. Halloo!?

Ingrid, Rönninge

Bummel durch London

Vor vielen Jahren, noch vor der Handy-Zeit, musste ich von Berufs wegen nach London zu einem Seminar. Eine Consultingfirma, mit der wir zusammenarbeiteten, hatte alles arrangiert. Wir waren eine Gruppe und checkten alle zusammen in einem Hotel ein. Noch am selben Tag wollten die anderen zu einem Fußballspiel gehen, aber mich interessierte das nicht, ich wollte mir lieber die Stadt ansehen. Ich war vorher noch nie in London gewesen, bummelte stundenlang durch die Straßen und hatte einen sehr schönen Tag. Aber als ich umkehren wollte, fiel mir auf, dass ich keine Ahnung hatte, wie das Hotel hieß oder wo es lag. Ich wusste nur noch, dass mein Zimmer die Nummer 714 hatte. Ich war vollkommen aufgeschmissen.

Schließlich erinnerte ich mich, dass man uns ein paar Wochen vor der Reise einen Brief mit Angaben zu Flug, Unterkunft usw. nach Hause geschickt hatte. Ich suchte eine Telefonzelle, rief meinen Mann zu Hause in Stockholm an und fragte, wo ich untergebracht war. Leider hat man mir nie eine Chance gegeben, dieses Erlebnis zu vergessen.

Ann-Katrin, Stockholm

Einmal nicht abzubiegen kann viel bedeuten

Mindestens einmal pro Woche nehme ich meinen kleinen Sohn gezwungenermaßen mit zur Arbeit. Ich verpasse es ganz einfach, in die Straße zum Kindergarten abzubiegen.

Martin, Vallentuna

Kinder fordern Mitgliedschaft

Meine Kinder meinen, dass ich unbedingt in den Reichsbund der Zerstreuten gehöre. Ich vermute mal, dass zwei verschiedene Socken (in unterschiedlichen Farben) für euch nichts Besonderes sind, aber was haltet ihr davon: Aktentasche mit Flugtickets in die braune Biotonne gestopft und am Flughafen mit einer Tüte voll stinkender Essensreste angekommen?

Olov, Västerås

Bewerbung aufgepeppt

Ich bin extrem vergesslich und schaffe es immer wieder, komische Fehler zu machen. So wie neulich zum Beispiel, da schickte ich eine Bewerbung an eine Anwaltskanzlei in Kalifornien. Ich hatte zwei Tage an dieser Bewerbung gefeilt. Sie war makellos und würde mir das Tor zu einer großen Karriere öffnen.

Wenn ich ein Schriftstück verfasse, setze ich zunächst immer ziemlich alberne Überschriften ein, um meiner Arbeit etwas mehr Schwung zu geben. Bei der abschließenden Überarbeitung ändere ich diese Überschriften wieder. So auch diesmal. Die Sache war nur die: Als ich die Bewerbung abschicken wollte, steckte ich das völlig falsche Schreiben in den Umschlag – einen Rohentwurf, der nichts weiter enthielt als zwei Absätze mit vollkommen idiotischen Überschriften. Als Antwort bekam ich eine Gardinenpredigt, die sich gewaschen hatte. Wie ich feststellen musste, hatte der Rektor meiner Hochschule ebenfalls eine Kopie bekommen. Nicht gut.

Wictor, Jönköping

Zweimal Abendessen und eine Menge Zettel

Hallo. Ich muss Mitglied im Reichsbund der Zerstreuten werden! Ich überweise den Beitrag sofort, wenn ich nach Hause komme. Bin im Moment bei der Arbeit. Ich brauche ein Dutzend Mitgliedsurkunden von euch, damit ich sie überall aufhängen und darauf zeigen kann, wenn ich wieder mal Mist gebaut habe. Ich stelle andauernd Sachen an die falschen Orte, Butter in die Vorratskammer, Abwasch in den Kühlschrank, Milch in die Spülmaschine. Ich schreibe Zettel und vergesse, dass ich sie geschrieben habe, obwohl ich sie an die Kaffeemaschine, den Radiowecker, den Spiegel klebe. Wenn ich sie finde, frage ich mich ärgerlich, welcher Idiot bloß die ganzen Zettel überall anklebt, und werde rot, wenn mir aufgeht, dass ich dieser Idiot bin.

Ich habe unzählige Male vergessen, wo das Auto steht, wenn ich einkaufen fahre, und dann muss ich mit dem voll gepackten Einkaufswagen den ganzen Parkplatz abklappern. Wenn ich die Sachen ins Auto geladen und den Einkaufswagen zurück an seinen Standplatz gebracht habe, geht die Sucherei nach dem Auto oft von vorne los. Zum Glück habe ich eine Zentralverriegelung mit Fernbedienung, sodass das Auto mich anblinken kann. Wenn ich glücklich wieder zu Hause angekommen bin und meine Einkaufstüten auspacke, merke ich, dass ich vergessen habe, das einzukaufen, weswegen ich überhaupt losgefahren war. Alles Mögliche habe ich eingekauft, nur nicht das, was ich wirklich brauchte.

Mehrere Male habe ich auch schon vergessen, die Kinder an der Schule abzusetzen, und sie auf dem Rücksitz entdeckt, wenn ich schon auf der Autobahn im Stau stand. Dann bleibt mir nichts anderes übrig, als die nächste Abfahrt zu nehmen und zurückzufahren. Aber ich habe noch nie vergessen, sie abzuholen.

An einem Sonntag habe ich zweimal Abendessen gekocht. Wir hatten früh gegessen, um 16 Uhr. Gegen 18.30 Uhr bekam ich Hunger und mir fiel ein: «Lieber Himmel, wir haben ja noch gar

nicht zu Abend gegessen!» Die Kinder und mein Mann waren mächtig erstaunt, als das Essen fertig auf dem Tisch stand. Schon wieder.
Ob sie ihren Spaß mit mir haben? Ja, zweifellos. Andererseits habe ich noch nie einen wichtigen Termin vergessen, und ich habe noch nie etwas versäumt, was superwichtig für die Kinder war. Eine Menge unwichtiger Sachen dagegen schon.

Wirrkopf

Briefe mit luftigem Inhalt

Ich schicke in der Regel adressierte Briefumschläge ab, die keine Briefe enthalten.

Hans, Göteborg

Sie bekam Extrabeine

Ist es im Winter sehr kalt, ziehe ich immer ein zweites Paar Strumpfhosen an, wenn ich zur Arbeit gehe. In der Firma ziehe ich sie aus und stecke sie in die Ärmel meines Mantels, damit ich sie nicht vergesse. Eines Nachmittags gehe ich von der Arbeit nach Hause und habe schon die halbe Stadt durchquert, als ich merke, dass etwas um meine Waden baumelt. Als ich nach unten gucke, sehe ich zwei schmale «Beine», die unter dem Mantel herabhängen: schwarz, grob gestrickt und sehr, sehr peinlich.

Lena, Stockholm

Er humpelte zur Arbeit

Eines Morgens, als ich wie üblich auf dem Weg von Lund nach Malmö zur Arbeit war, merkte ich, dass ich ein bisschen humpelte. Da ich einen kaputten Fuß habe, dachte ich nicht lange darüber nach, sondern ging weiter zum Zug und fuhr ins Büro. Nach ein paar Stunden Arbeit mit Telefonaten, Planungen, Lektüre hatte ich etwas mit meiner Sekretärin zu besprechen. Ich setzte mich auf ihren Besucherstuhl. Nachdem wir eine Weile geredet hatten,

bekam sie so einen merkwürdigen Blick, beugte sich vor und betrachtete meine Schuhe:
«Sag mal, Björn, was hast du denn da an den Füßen?»
Ich sah hinunter, und da saß ich mit einer braunen Sandale am einen Fuß und einem blank geputzten schwarzen Halbschuh am anderen. Es waren die unterschiedlich hohen Absätze, die dafür gesorgt hatten, dass ich humpelte. Ich freue mich, sagen zu können, dass ich an diesem Tag wohl viele Menschen glücklich gemacht habe.

Björn, Lund

Einäugig

Das Telefon klingelte, als ich morgens vor dem Spiegel stand und mich schminkte. Dadurch aufgehalten, war ich spät dran und musste zum Bus rennen. Erst in der Frühstückspause gegen zehn Uhr machte mein Kollege mich darauf aufmerksam, dass mein Make-up ja sehr apart sei – auf nur einem Auge.

Anna, Katrineholm

Kunden, an die wir uns erinnern

Habe zweimal im Abstand von einigen Wochen die Zapfpistole nach dem Tanken im Auto stecken lassen, an derselben Tankstelle und derselben Zapfsäule.

Håkan, Uppsala

(Kleine Anmerkung: Der Tankstellenbetreiber Autotank berichtet, dass in Schweden jeden Tag fünf (5!) Kunden die Zapfpistole im Tankstutzen ihres Autos vergessen (Stand 2004). Deshalb sind die Zapfgriffe mit einem Schlauchbruchventil ausgestattet. Das übliche Szenario ist, dass die Autofahrer per Handy telefonieren, während das Benzin in den Tank läuft. Wenn das Gespräch beendet ist, legen sie den Gang ein und fahren los.)

Da fehlte was unter dem Mantel

Ich habe einen Winter in Oslo im Storting gearbeitet, dem norwegischen Parlament. Eines Morgens hatte ich es eilig, zur Arbeit zu kommen, ich sollte ein Interview mit einem der Parlamentarier führen. Im Bus merkte ich, dass irgendwas fehlte. Verstohlen blickte ich unter meinen Mantel und entdeckte, dass ich vergessen hatte, mich anzuziehen. Ich trug nichts als Strumpfhosen! Schnell hastete ich nach Hause und zog ein Kleid an.

Anne-Mette, Stockholm

Staubsaugen mit Musik

Staubsaugen ist ja nicht gerade etwas, was man gerne tut, deshalb höre ich dabei meistens meine Lieblingsmusik, Free Jazz. Einmal klopfte meine Frau mir auf den Rücken und sagte: Telefon für dich. Ich machte den Staubsauger aus, nahm die Kopfhörer ab und ging ans Telefon.

Als das Gespräch beendet war, setzte ich die Kopfhörer wieder auf und gab mich ganz der Jazzmusik hin, während ich mit dem Staubsauger geometrische Muster auf den Teppichboden malte – allerdings ohne den Staubsauger wieder eingeschaltet zu haben …

Stefan, Skelleftehamn

Schlüssel weg

Als ich von der Arbeit nach Hause will, kann ich meinen Schlüsselbund nicht finden. Dabei hatte ich ihn doch auf den Schreibtisch gelegt! Ich suche und suche. Gebe es schließlich auf und rufe meinen Vater an, damit er mir die Ersatzschlüssel für Auto und Wohnung bringt. Als ich meine Jacke vom Kleiderhaken nehme und sie anziehen will, spüre ich das wohl bekannte Gewicht meines Schlüsselbunds. Traue mich natürlich nicht, es Papa zu beichten, der dasteht und auf mich wartet, sondern danke ihm für seine Hilfe und fahre nach Hause. Am nächsten Tag erzähle ich, die

Putzkolonne hätte den Schlüsselbund unter meinem Schreibtisch gefunden.

Karin, Lund

Kinder lachen sich schief über Papa

Mehrmals in der Woche fahre ich meinen Ältesten und seinen Freund zum Hallenhockey-Training. Um seinen Freund zu Hause abzuholen und wieder zurückzubringen, muss ich von meiner üblichen Route abweichen.

Obwohl ich die Strecke schon seit fünf Jahren fahre, vergesse ich mindestens einmal pro Woche, auf der Heimfahrt vom Training an der richtigen Stelle abzubiegen, um seinen Kumpel zu Hause abzusetzen. Jedes Mal, wenn wir zur Sporthalle oder zurück fahren, nehme ich mir fest vor, daran zu denken, dass er mit im Auto sitzt und zu Hause abgeliefert werden muss. Aber wenn es dann so weit ist, denke ich meistens an etwas anderes. Habe versucht, die Kinder dazu zu bringen, dass sie mich daran erinnern, aber die finden es einfach nur lustig, wenn ich vergesse abzubiegen und umkehren muss.

Åke, Täby

Abstecher zu den Eltern

Ja, ich bin auch so ein typischer Schussel. Eines schönen Sommertages fuhr ich morgens zum Frühstücken zu meinen Eltern in den Garten. Aber während ich entspannt in der Sonne saß, dachte ich mehrere Male: Wolltest du nicht eigentlich ganz woanders hin? Schließlich fiel es mir ein. Ich war ja auf dem Weg zur Arbeit! An dem Tag kam ich mehr als ein bisschen zu spät.

Natasja, Tumba

Schlüsselfon?

Ich verwechsle andauernd Worte und Begriffe, nicht nur die Namen meiner Söhne, sondern ich sage Schlüssel, wenn ich das Tele-

fon meine usw. Meine Kolleginnen verstehen mich meistens trotzdem, aber meine Familie nicht immer oder, besser gesagt, die wollen nicht verstehen!

Anette, Järpen

Musste die Schule wechseln

Meine beste Freundin in der Grundschule war so zerstreut, dass sie ständig in die falschen Klassenzimmer auf der falschen Etage im falschen Gebäude ging. Am Ende mussten ihre Eltern sie auf eine kleinere Schule schicken, damit sie lernte, sich zurechtzufinden.

Gunilla, Stockholm

ATTEST: BAUCHSCHMERZEN

Nach einem Bericht in der Medizinzeitschrift *New England Journal of Medicine* werden in US-amerikanischen Krankenhäusern jedes Jahr schätzungsweise 1500 Tupfer und Operationsinstrumente in frisch operierten Patienten vergessen. Prozentual gesehen ist das nicht sehr viel, bei insgesamt 28 Millionen Eingriffen. Aber immerhin! Ein viel beachteter (und ungewöhnlicher) Fall war ein 59 Jahre alter Mann, der über andauernde Bauchschmerzen klagte. Wie das Röntgenbild zeigte, lag eine 15 Zentimeter lange Operationszange zwischen seinen Gedärmen.

Einstein soll gesagt haben, seine zweitbeste Entdeckung nach der Relativitätstheorie habe er gemacht, als er herausfand, dass er sein Frühstücksei in der Suppe kochen konnte.

Auf die Art brauchte er einen Kochtopf weniger abzuwaschen.

Zerstreutheit und Wirtschaft

Die positiven Auswirkungen der Zerstreutheit auf das Wirtschaftswachstum lassen sich kaum ermessen, so groß sind sie. Wie viel unserer Entwicklung verdanken wir nicht den Erfindungen und Lösungen von Menschen mit wirren Haaren und falsch zugeknöpften Hemden? Schon die alten Griechen schätzten die kreativen Prozesse höher ein als ein gepflegtes Äußeres. Wie bei Archimedes, als er in der Badewanne das Prinzip von Flüssigkeit und Gewicht entdeckt hatte. Er rannte splitternackt hinaus auf die Straße und rief den Passanten zu: «Heureka! Ich hab's!» Das war kein Exhibitionismus. Das war Zerstreutheit.

Die Nobel-Stiftung, die über große Erfahrung mit Zerstreuten verfügt, schreibt für die Nobelpreisverleihung eine strenge und unerbittliche Kleiderordnung vor: Frack für die Herren und langes Abendkleid für die Damen. Andernfalls sähe die Verleihungsfeier aus wie eine Punkrock-Veranstaltung.

Das Recht auf ein zerstreutes Forscherdasein gerät oft in Konflikt mit der Erwartungshaltung der Gesellschaft oder der Wirtschaftsunternehmen, die schnelle Ergebnisse und messbaren Nutzen sehen wollen. Kritiker fragen, ob es gerecht sein kann, dass bestimmte Menschen jahraus, jahrein durch die Korridore schlurfen, ohne nachweisbare Resultate zu erbringen, während andere den Überschuss erwirtschaften, der nötig ist, um Erstere zu finanzieren?

Ein Forscher des Technologieunternehmens 3M berichtete 1968, dass er einen Klebstoff mit schlechten Hafteigenschaften entwickelt habe. Niemand verstand, was dieser Klebstoff für einen Nutzen haben sollte, nicht einmal der Forscher selbst. Aber einige Jahre später hatte ein Kollege namens Art Fry eine Idee. Fry war Mitglied eines Kirchenchors und ärgerte sich darüber, dass während des Singens immer die Lesezeichen aus seinem Gesangbuch herausfielen. Aber mit dem misslungenen Klebstoff seines Kollegen blieben die Lesezeichen haften, klebten aber nicht fest, was bedeutete, dass man sie ablösen und anderweitig wieder einkleben konnte, ohne die Gesangbuchseiten zu beschädigen. Das war die Geburtsstunde einer millionenschweren Industrie, für die wir Zerstreuten eine der wichtigsten Zielgruppen sind: die der Post-it-Zettel. Dieser lächerliche kleine Zettel mit schlechten Klebeigenschaften kann an strategischen Stellen angebracht werden, die schwer zu übersehen sind: zum Beispiel mitten auf dem Fernsehschirm, auf dem Mobiltelefon, an Spiegeln, Schuhen und Türen.

Wie viele Minuten am Tag sparen wir Zerstreuten nicht dadurch ein, dass die Post-it-Zettel uns an Dinge erinnern, die wir sonst vergessen würden? Das steigert unsere Produktivität am Arbeitsplatz und zu Hause – und damit das Bruttosozialprodukt unseres Landes – und lässt uns mehr Zeit für andere Gedanken. Derart gute Resultate widersprechen den ungeduldigen Forderungen nach Nutzen und strafferer Disziplin.

Oftmals kleben wir an festen Vorstellungen darüber, wie Dinge zu sein haben, und folgen ausgetretenen Spuren bei unseren Versuchen, Neues zu entdecken. Hier können Zerstreute nicht selten wertvolle Dienste leisten. Das zerstreute Gehirn mit seinem sprunghaften und unvorhersehbaren Denken birgt ein großes Kreativitätspotenzial, nicht zuletzt, was die so genannte Serendipität betrifft. Serendipität bedeutet, dass man durch eine unerwartete Entdeckung, vielleicht auch einen Irrtum, eine neue, interessante Lösung findet. Der Post-it-Zettel ist ein typisches Beispiel dafür. Viele große Entdeckungen sind so gemacht worden: das Penicillin, die Schwerkraft, das Stethoskop – und viele kleinere ebenso: gute Rezepte für Mahlzeiten, eine pfiffige Lösung für einen Anbau am Ferienhaus, ein kürzerer Weg zur Arbeit usw.

Mit anderen Worten: Lasst der kreativen Zerstreutheit freie Bahn. Sie nützt der Volkswirtschaft. (Obwohl natürlich oft nichts dabei herauskommt, und wenn, dauert es manchmal sehr lange.)

Sowohl auf der volkswirtschaftlichen als auch auf der privaten Ebene findet ein ewiger Kampf statt zwischen der Forderung der Umwelt nach Ordnung und sichtbaren Resultaten einerseits und andererseits dem Bestreben der Zerstreuten, ungestört den inneren Gedanken folgen und spielerisch zu Lösungen kommen zu dürfen. Man könnte argumentieren, dass Zerstreute zu einer Steigerung des Bruttosozialprodukts beitragen könnten, wenn sie weniger Zeit darauf verwendeten, nach Dingen zu suchen. Wenn jeder erwerbsfähige Zerstreute seine Suchzeiten um eine Stunde pro Woche reduzierte, würde das national gesehen jährlich Millionen von Stunden gesteigerter Produktivität bedeuten. Andererseits ist es schwierig und zeitraubend, zerstreuten Menschen mehr Rationalität und Effektivität beibringen zu wollen, und es besteht die Gefahr, dass wir die Kreativität der Zerstreuten abwürgen und eine allzu vorhersagbare und unmenschliche Gesellschaft schaffen. Wir müssen daraus den Schluss ziehen, dass die Volkswirtschaft am besten mit einem gesunden Gleichgewicht von Zerstreutheit und Rationalität gedeiht.
Dieses Gleichgewicht gilt auch im Privaten. Wir wollen zerstreut sein, können aber nicht ohne Ordnung auskommen und wollen zudem ja auch Konflikte vermeiden. Die Lösung dieser Gleichung besteht darin, in jeder gegebenen Situation den optimalen Punkt zu finden, der uns erlaubt, ein höchstmögliches Maß an Zeit auf innere Gedankengänge zu verwenden und ein Mindestmaß an Zeit auf Ordnung. Folglich versuchen wir, Zeit zu sparen und mehrere Dinge gleichzeitig zu erledigen. Wir kaufen alle möglichen technischen Gerätschaften und suchen

nach Abkürzungen, um die praktische Arbeit zu minimieren. Einstein soll gesagt haben, seine zweitbeste Entdeckung nach der Relativitätstheorie habe er gemacht, als er herausfand, dass er das Frühstücksei in der Suppe kochen konnte. Auf die Art brauchte er einen Kochtopf weniger abzuwaschen.
Leider gelingt es uns nicht oft, diese Gleichung zu lösen. Den Beweis können wir überall sehen, in Form von vergessenen Taschen im Zug, Leuten mit offenen Hosenschlitzen und Autos, die mit Einkaufstüten auf dem Dach herumfahren. Aber dann, ganz plötzlich, haben wir eine wahnsinnig phantastische Idee.

Dein Zerstreutheitsprofil

Viel Ordnung

Der optimale Punkt ist dort erreicht, wo die Minimalforderung der Umgebung nach Ordnung unseren eigenen Wunsch nach höchstmöglicher Zerstreutheit kreuzt. Je geringer die Forderung der Umgebung nach Ordnung, desto zerstreuter darf man sein. Also gilt es, den richtigen Job zu finden und, was das Zusammenleben angeht, Menschen mit einem möglichst hohen Toleranzniveau – falls man danach strebt, maximal zerstreut zu sein.
Das Zerstreutheitsprofil (Neigungswinkel und Platzierung) ist von Bedeutung. Je steiler das Gefälle, desto kategorischer zerstreut. Zunächst versuchen sich Menschen mit dieser Zerstreutheitsausprägung rasch an die Forderungen ihrer Umgebung anzupassen, aber es gibt eine deutliche Grenze dafür, was sie ertragen, und sie riskieren schnell, aus dem Rahmen zu fallen. Dieses Profil ist folglich weniger störend bei Künstlern und Freiberuflern als beispielsweise bei Wachschutzleuten oder Busfahrern.
Wer dagegen ein flaches Zerstreutheitsprofil hat, beweist eine größere Flexibilität. Er ist der zerstreute Überlebenskünstler, der sich mit Tricks, elektronischen Kalendern und anderem Zu-

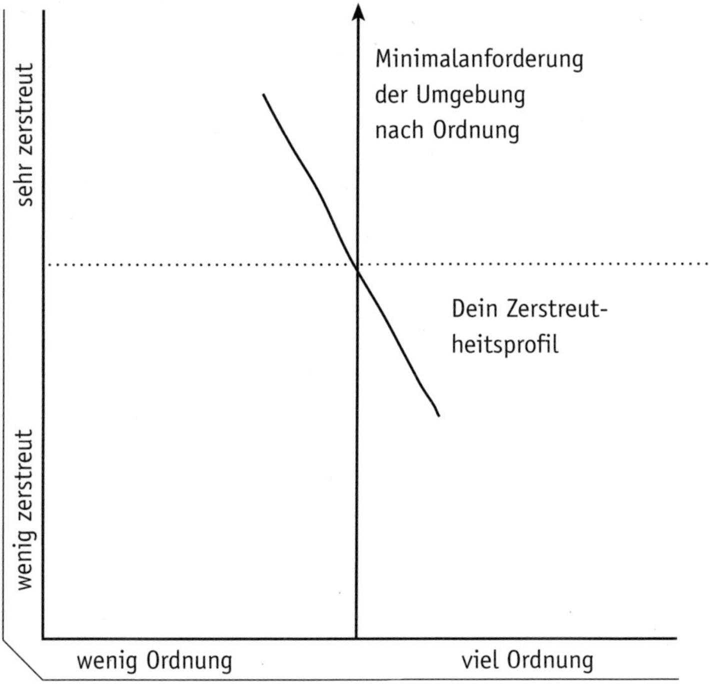

behör an eine streng organisierte Welt anzupassen vermag, obwohl er im Grunde ein echter Zerstreuter ist. Sollte dieser Typus plötzlich seinen Kalender verlieren, könnte ihm das den Boden unter den Füßen wegziehen.

Das Diagramm kann auch ausgehend von der Forderung der Umgebung nach Ordnung gelesen werden. Je größer der Ordnungsanspruch, desto mehr Druck wird auf die Menschen ausgeübt, zu versuchen, weniger zerstreut zu sein. In der gestressten Welt, in der wir leben, ist der Ordnungsanspruch sehr hoch. Kinder sollen zur Kita gebracht werden, wir müssen Busse und Züge erreichen, Elternabende, Mieterversammlungen, Waschküchenzeiten, Treppenhausreinigung, Familienfeiern, berufliche Termine und tausend andere Verpflichtungen wahrnehmen. Da bleibt keine Zeit, nach verbummelten Schlüsseln oder Geldbörsen zu suchen. Das führt zu rasch ansteigendem Stress. In einem derart mit Pflichterwartungen voll gestopften Dasein können sogar im Grunde ordentliche Menschen sich für zerstreut halten. Man kann krank davon werden, sich ausgebrannt fühlen oder ganz einfach davon träumen, aus dem Hamsterrad auszusteigen und sich an einen einsamen, sonnigen und forderungslosen Strand zu flüchten.

KLEINES GEDÄCHTNISDUELL

Es gibt Leute, die glauben, dass wir Zerstreuten ein schlechtes Gedächtnis haben, nur weil wir Geburtstage, Namen, Schlüssel, Handys, Waschküchenzeiten, geparkte Autos, Pausenbrote, Hochzeitstage, Telefonnummern, Taschen, Pässe vergessen … Wie kommen die bloß auf die Idee?
Fordere jemanden zum Wettstreit, der nicht zerstreut ist. Wer hat das bessere Gedächtnis? Der Zerstreute oder der Nichtzerstreute?

O	O	1
O	X	1
X	1	O

Präge dir diese Abbildung 3 Sekunden lang ein. Fülle dann die Tabelle auf Seite 154 aus.

O	O	X
1	O	O
O	X	1

Verfahre so wie oben. Aber diesmal betrachte das Bild 10 Sekunden lang. Schlaf eine Nacht drüber und fülle am nächsten Tag die Tabelle auf Seite 154 aus. Es sind keine Notizen erlaubt.
Wer gewinnt?

Drill.

Sachen werden per Kadavergehorsam eingebläut und so lange wiederholt, bis sie ebenso natürliche Reflexe geworden sind wie das Gehen.

Zerstreutheit und Militär

Wenn es eine Institution gibt, die Zerstreutheit ernst nimmt, dann das Militär. Es geht einfach nicht an, Soldaten zu befehligen, die ihre Waffen verbummeln, zu den falschen Einsatzorten marschieren oder Anweisungen vergessen. Das Letzte, was ein Offizier im Ernstfall hören will, ist: «Äh, 'tschuldigung, was sagten Sie gleich, wen wir angreifen sollen …?» Oder: «Moment noch. Muss nur schnell mein Gewehr holen.»

Gleichzeitig kann weiter oben in der Hierarchie, in den stillen Kämmerchen der strategischen Planer, eine Neigung zur Zerstreutheit durchaus förderlich sein – insbesondere für Menschen mit der Fähigkeit, ungewöhnliche und pfiffige Lösungen für Probleme zu finden. Wenn sie eine Aktenmappe oder einen Kugelschreiber verlegen, wird das höchstens nachsichtig belächelt.

Im Feld jedoch ist Zerstreutheit fehl am Platz. Das Dilemma dort ist, dass Menschen unmenschliche Dinge tun sollen, etwa an lebensgefährlichen Einsätzen in extrem bedrohlichen Situationen teilnehmen. Wenn etwas den Grad an Zerstreutheit (Menschlichkeit) bei einem Menschen exponentiell in die Höhe treiben kann, dann dies.

Seit dem allerersten Kriegsfeldzug in der Geschichte der Menschheit arbeitet das Militär daran, dieses Problem in den Griff zu bekommen. Wie erreicht man, dass Tausende von Menschen, von denen einige Hundert zerstreuter als der Durchschnitt sind, gleichzeitig in ein und dieselbe Richtung marschieren? Was muss man tun, damit alle der militärischen Forderung genügen, stets «zur rechten Zeit am rechten Ort mit der richtigen Ausrüstung» zu sein? Die Lösungen variieren, aber es lassen sich drei Hauptrichtungen unterscheiden:

1. Drill. Sachen werden per Kadavergehorsam eingebläut und so lange wiederholt, bis sie ebenso natürliche Reflexe geworden sind wie das Gehen. Ein Maschinengewehr auseinander zu nehmen und wieder zusammenzusetzen ist eine solche typische Übung. Soldaten, die etwas vergessen haben, müssen zurücklaufen und es holen, während die anderen warten. «Danach sitzt das», wie es ein Offizier mit schiefem Grinsen formulierte.

2. Das Militär liebt Checklisten, Eselsbrücken, Schaubilder, Richtungspfeile und andere deutliche Symbole. «5-W» ist eine Merkhilfe dafür, welche Anweisungen ein Befehl enthalten soll: Wer tut was, wann, wie und wo? Das Kurzwort LANGEMAPP erinnert den Alarmposten im Feld daran, welche Informationen er bei der Wachablösung weitergeben muss: Lage, Auftrag, Nachbarn, Grenzen des zu beobachtenden Bereichs, Eröffnungsfeuerlinie, Meldeweg, Alarmierung (wann, wie), Platz des Einheitenführers (wo ist er?), Parole.
Oft benutzt man «falsche» Merksprüche mit einem komischen Dreh. Die haben die Angewohnheit, sich richtig fest einzuprägen. Typisch dafür ist die Geschichte vom Feldwebel, der den Wehrpflichtigen beim Training an der Granatpistole Folgendes einschärfte: «Nach dem Befehl ‹Feuer einstellen!› sind umgehend Maßnahmen gemäß der 3-S-Regel zu treffen: Senken, Sichern, Tasche! Verstanden?»
«Aber das hieße doch SST», wandte ein Soldat ein.
«Wie gesagt!», erwiderte der Feldwebel. «3 S: Senken, Sichern, Tasche.»

3. Wiederholen ist ein Lieblingswort beim Militär. Ein Befehl soll laut und deutlich wiederholt werden, damit der Befehlsgeber kontrollieren kann, ob die Mitteilung angekommen ist. Das ist Teil eines ausgeprägten Kontrollsystems: Soldaten achten

gegenseitig darauf, dass ihre Ausrüstung vollständig ist, Offiziere haben einen Stellvertreter, der die Einhaltung der Dienstordnung überwacht usw. (Etwas zu wiederholen, und zwar laut, ist ein bewährtes Mittel, es sich einzuprägen, nicht nur beim Militär – obwohl es seltsam erscheint und als verschroben gilt, wenn man im zivilen Leben andauernd mit lauter Stimme wiederholt, was andere sagen. Ausprobieren lohnt sich!)

Militärisches Training hat zum Ziel, Verhaltensweisen zu automatisieren. Für den, der automatisiert werden soll, ist das alles andere als lustig. Frage nur mal einen Wehrpflichtigen. Beim Militär muss man ein und dieselbe Sache immer und immer wieder üben, Monat für Monat. Ziel: Man soll nicht lange überlegen, wie man sein Maschinengewehr zusammensetzen muss, sondern es einfach tun, blitzschnell und korrekt. Man soll nicht überlegen, wie ein Einsatz abläuft, sondern die Routinen sollen in Fleisch und Blut übergegangen sein. Zu Zeiten der Massen- und Wehrpflichtigenarmeen, nicht zuletzt im vergangenen 20. Jahrhundert, war die Automatisierung von Soldaten ein Ziel an sich. Je mehr automatisierte Soldaten, desto besser. Sie waren wie Bauern auf einem Schachbrett, gehorsam und darauf programmiert, Opfer zu sein. Heute, wo immer weniger Soldaten immer größere Aufgaben mit immer ausgefeilterer Technik bewältigen müssen, sind Soldaten gefragt, die selbst denken und eigene Entscheidungen fällen können. Das Ironische an der Sache ist, dass sie immer noch gedrillt werden, Checklisten auswendig lernen und sich Befehlen blind unterwerfen müssen, um so «automatisch» wie möglich zu agieren. Doch jetzt hat ihre Automatisierung zum Ziel, dass sie den Kopf für etwas anderes frei haben, als an Routinen zu denken. Da geht es ihnen wie vielen von uns Zerstreuten. Wir versuchen, so viele Verhaltensweisen wie möglich zu automatisieren, um ein Höchstmaß an Zeit für unsere eigenen Gedanken abzuzweigen. Wie beispielsweise, wenn wir unseren gewohnten Weg von der Arbeit nach Hause gehen. Die Beine kennen den Weg ganz von alleine.

Als ich einmal in Gedanken versunken von meiner Firma nach Hause ging, merkte ich nicht, dass ich den falschen Hauseingang erwischte. Das fiel mir erst auf, als ich mit dem Aufzug nach oben gefahren war und plötzlich ein ganz anderer Name an der Wohnungstür stand …

Danielle, Sollentuna

Automatisiertes Verhalten beim Militär bietet natürlich Anlass für unzählige Geschichten, was alles schief gehen kann. Denn es geht dauernd etwas schief. Tausend Jahre Drill haben nicht vermocht, den menschlichen Faktor auszuschalten. Wie zum Beispiel, als bei einem Regiment in Skåne eine Truppenübung vor hohen Offizieren und Politikern durchgeführt werden sollte. Der Regimentskommandeur hatte einen Feldwebel, dem eine Gruppe Rekruten unterstellt war, dazu ausersehen, die Schießübungen samt der Explosionseffekte zu befehligen, die einen Panzerangriff mit schwerer Munition simulieren sollten. Aber bei der Generalprobe am Morgen des Tages, für den die Truppenübung angesetzt war, klappte nichts so, wie es sollte. Es knallte an den falschen Stellen und zur falschen Zeit. Der Regimentskommandeur tobte und stauchte den Feldwebel zusammen, dass ihm Hören und Sehen verging. Woraufhin der Feldwebel die Rekruten herunterputzte.
Das Gelände wurde neu präpariert, allerdings blieb keine Zeit mehr für weitere Übungen. Eine halbe Stunde vor Manöverbeginn tauchte der Regimentskommandeur am Übungsplatz auf.
«Feldwebel Olsson! Alles unter Kontrolle?»
«Herr Oberst können beruhigt sein», meldete der Feldwebel zackig. «Diesmal geht es genau dann los, wenn ich das Zeichen

dazu gebe. Nicht früher und nicht später.» Dabei hob er seinen Arm und ließ ihn heruntersausen, um dem Oberst zu zeigen, welches Zeichen er geben würde. Zu spät erkannte er seinen Fehler. Die Soldaten reagierten sofort, wie ihnen befohlen war. Und diesmal klappte alles perfekt.

HB SO 245

Weitere Erfahrungsberichte …

Die Anzahl zerstreuter Handlungen, die jeden Tag begangen werden, ist enorm hoch – da nimmt es sich bei genauerer Betrachtung wie ein Wunder aus, dass die Gesellschaft überhaupt funktioniert.

Schöne Schuhe, sagte die Kassiererin

Ich habe drei Kinder, die alle in den Kindergarten gegangen sind. In den Kitas gibt es blaue Plastiksocken, die man über die Schuhe zieht, wenn sie nass oder voll Schneematsch sind. Ich habe mir diese Dinger immer übergestreift, weil ich nicht die ganze Kita mit meinen Stiefeln schmutzig machen wollte. Gehetzt, wie man immer ist, wenn man kleine Kinder hat, habe ich meine Kinder angezogen – natürlich nachdem ich zuerst kontrolliert hatte, ob es auch meine sind – und bin anschließend hastig zum Einkaufen gefahren. Im Laden angekommen, hatte ich das Gefühl, dass mich jemand verfolgt. Da waren so schlurfende Schritte hinter mir. Sobald ich stehen blieb, hörte das Schlurfen ebenfalls auf. An der Kasse meinte die Kassiererin, ich hätte ja «gaaaaanz tolle» Schuhe an. Ach, sage ich, so neu sind die auch nicht mehr. Tatsächlich, sagt die Kassiererin und macht ein verwirrtes Gesicht. Ich bezahle und fahre heim. Als ich zu Hause bin und meine Schuhe ausziehen will, entdecke ich die Plastiksocken.

Ein Schussel

Ausgeschlossen

Wir waren in eine neue Wohnung gezogen, und in der Etage über uns wohnte eine Freundin von mir. Als wir eines Abends eine Party veranstalteten, hatten wir sie natürlich auch eingeladen, aber leider war sie schon anderweitig verabredet. Es wurde ein ziemlich ausgelassenes Fest. Mitten in der Nacht klingelte die

Freundin an unserer Tür. Sie hatte ihren Schlüssel verloren und wollte von unserem Telefon aus einen Schlüsselnotdienst anrufen, was sie auch tat. Allerdings sagte der Notdienst, es werde eine Weile dauern, bis er kommen könne. Weit nach Mitternacht, als alle Gäste gegangen waren, hatte er sich immer noch nicht blicken lassen, obwohl sie nochmal angerufen und gedrängelt hatte. Es wurde langsam hell, während wir uns über die Party unterhielten. Und da auf einmal fiel mir ein, dass wir erst vor wenigen Wochen beschlossen hatten, gegenseitig einen Reserveschlüssel zu hinterlegen. Sicherheitshalber, falls sich einer von uns ausschließen sollte! Den Schlüsseldienst musste sie trotzdem bezahlen.

Eva, Stockholm

Taxi auf Abwegen

Ich bin Taxifahrer und sollte mal einen bettlägerigen Patienten nach Skellefte bringen. Er schlief ein, und ich landete irgendwie in Boden – 160 Kilometer entfernt. Der Fahrgast staunte nicht schlecht, als er aufwachte.

Andreas, Luleå

Polizei lachte herzhaft

Eines Morgens war mein Auto von unserem Firmenparkplatz verschwunden. Da es ein paar Monate zuvor gestohlen worden war (es wurde gefunden und ich bekam es zurück), wunderte es mich gar nicht, dass es weg war. Niedergeschlagen rief ich bei der Polizei an und meldete mein Auto als gestohlen, schon wieder!

Ein paar Wochen später bekam ich einen Anruf von meiner Tochter: «Mama, dein Auto steht auf dem Parkplatz vor Ica.»

Der Supermarkt ist nicht weit von unserer Wohnung entfernt. Da stand mein Auto. Es war weder aufgebrochen noch demoliert. Schmerzlich musste ich mir eingestehen, dass ich es wohl an dem Tag vergessen hatte, als ich auf dem Heimweg vom Büro Milch kaufen wollte. Das Schlimmste an der Sache war, dass ich in all den Wochen mehrfach an dem Auto vorbeigegangen war, ohne es zu sehen. Auf dem Polizeirevier haben sie herzlich gelacht, als ich anrief und von meinem Fund berichtete.

Maria, Täby

Zeit zum Suchen

Ich habe wohl drei Wochen meines Lebens nur damit verbracht, meine Autoschlüssel zu suchen. Seit einiger Zeit habe ich mir angewöhnt, sie in eine bestimmte Schublade zu legen. Aber wenn ich ein bisschen gestresst bin, kommt es vor, dass sie in der Obstschale landen oder im Brotkorb oder …

Bruno, Bromma

Schönen Gruß vom Fahrrad

Komme nach Hause und halte vor der Garage. Auf dem Autodach steht mein Rad in einem Fahrraddachträger. Ich steige aus und öffne das Garagentor. Gehe zurück zum Auto, werfe einen Blick auf das Fahrrad, steige ein und fahre in die Garage. Die ist für Pkws gebaut, nicht für Busse …

Peter, Skövde

In der Halle geirrt

Ich bin Mutter von drei lebhaften Kindern. Sie sind alle drei in unterschiedlichen Sportarten aktiv, und manchmal wird es mir ein bisschen viel, die Übersicht zu behalten. Dienstags zum Beispiel. Da hat mein Jüngster um 17 Uhr Tischtennistraining. Meine Älteste spielt Handball, ihr Training fängt ebenfalls um 17 Uhr an, und mein zwölfjähriger Sohn muss um 18 Uhr zum Judo. Vorigen Dienstag habe ich zuerst meine Tochter abgeliefert und dann den Jüngsten zusammen mit dem Mittleren, der eine Weile zuschauen wollte. Danach fuhr ich zum Geldautomaten. Dann holte ich den Mittleren, fuhr ihn zum Judotraining und anschließend noch schnell zum Supermarkt, um einzukaufen.

Ich musste mich beeilen, es war fast schon 18 Uhr, und dann ist das Tischtennistraining meines Jüngsten zu Ende. Glücklich wieder beim Auto, lud ich schnell die Einkäufe ein und fuhr zur Handballhalle. Ich kaufte mir einen Becher Kaffee und ein Stück Kuchen und wollte mich gerade hinsetzen, um meiner Tochter ein bisschen beim Training zuzusehen. Da lief mir der Hockeytrainer meines Jüngsten über den Weg (mein Kleiner spielt auch noch Hallenhockey). Er wollte mir erzählen, dass am Freitag ein Spiel stattfinden würde. Da fiel es mir siedend heiß ein! Was machte ich in dieser Halle? Ich wollte doch zum Tischtennis und den Kleinen abholen, nachdem ich eingekauft hatte. Deshalb hatte ich es im Supermarkt doch so eilig gehabt! Ich musste Kaffee und Kuchen abstellen und mich eilig ins Auto werfen, um den Kleinen abzuholen. Der stand schon draußen vor dem Vereinshaus und fror – ich war eine Viertelstunde zu spät und stammelte etwas von wegen Schlange an der Kasse. Ich kann ihm ja wohl schlecht sagen, dass ich ihn vergessen habe? Zumindest nicht jedes Mal …

Cissan

Kein Rauch ohne Feuer

Zu der Zeit, als ich noch rauchte, konnte es passieren, dass ich mit ungefähr vier Einwegfeuerzeugen in der Tasche nach Hause kam. Vollkommen unbewusst steckte ich jedes Feuerzeug ein. Ich verbummelte sie auch ebenso schnell wieder. Einmal, als ich durch die Stadt ging und meine gerade ausgerauchte Pfeife in die Hosentasche gesteckt hatte, begann es zu kokeln. Die Pfeifenglut hatte ein Loch in meine Tasche gebrannt und die nackte Haut erreicht. Ich war gerade mitten auf einer Straße, dachte aber voller Panik, ich müsste auf der Stelle meine Hose ausziehen, um mir keine Brandwunden zu holen. Zum Glück lag Schnee auf dem Bürgersteig. Schnell nahm ich eine Hand voll und drückte sie auf die Hosentasche, sodass die Glut erlosch.

Ein andermal hatte ich die Pfeife in die Außentasche einer Leinen-

jacke gesteckt, während ich auf dem Moped fuhr. Plötzlich überholte mich ein Auto, der Fahrer gestikulierte wie wild. Er zeigte aufgeregt auf meine Jacke. Ich blickte hinunter und sah, dass die Jackentasche brannte und ich eine Rauchfahne hinter mir herzog.

Johan, Stockholm

Der Dozent meinte es ernst

Ich bin Lehrer an der Königlich-Technischen Hochschule in Stockholm und gehöre zu der Sorte, die nie aufgehört hat, selbst an Seminaren teilzunehmen. Eines Tages kam ich in meine Klasse, setzte mich zwischen meine Studenten und wartete darauf, dass der Dozent kam. Unter den Studenten brach große Heiterkeit aus, sie dachten, ich mache Spaß. Ich hatte in meinem Kopf die Termine verwechselt und dachte, ich sei in dem Seminar, das ich als Teilnehmer besuchte, während ich in Wirklichkeit in dem Seminar saß, das ich unterrichten sollte.

Carl, Stockholm

Die beiden folgenden bunten, ziemlich kuriosen Schussel-Geschichten wurden uns von Hans Elwing aus Göteborg geschickt. Er schreibt: «Mjölnaren wurde ein Mann genannt, der über einen reichen Fundus an Smålandgeschichten verfügte, die er mir und anderen Kindern in unserer Gegend erzählte, als wir klein waren. Ich empfand es als großen Verlust, als er von uns ging. Der Verlust erscheint heute umso größer, wo wir erkennen, welches Kulturerbe er mit ins Grab genommen hat. Die Geschichten haben sich wirklich zugetragen, wenn auch die Erzähltradition im Laufe der Jahre wohl das eine oder andere hinzugefügt hat.»

Würste hingen in den Bäumen

In einer kleinen småländischen Stadt gab es eine große Wurstfabrik. Neben all den Würsten, die dort hergestellt und im Keller gelagert wurden, befand sich in der Fabrik auch ein großer Gastank. Das Gas wurde für die Wurstherstellung gebraucht. Eines Tages drehte ein zerstreuter Arbeiter einen großen Gasbrenner auf, vergaß aber, das Gas anzuzünden, weshalb es unverbrannt ausströmte. Dann kam ein langes Wochenende. Das Gas füllte den Keller und erreichte schließlich ein elektrisches Relais. Da entzündete sich das Gas, und die ganze Wurstfabrik explodierte mit einem Riesenknall. Was für ein Chaos! Es wird erzählt, dass überall Mettwürste in den kahlen Zweigen der Birken rund um die Fabrik hingen. Bockwürste (eine Spezialität der Fabrik) und zerfetzte Enden von Wiener Würstchen landeten in einem nahe gelegenen Fluss und trieben hinaus in einen See, zum großen Entzücken der Fische und Möwen.

Mjölnaren

Der hüpfende Motor

In einer kleineren Stadt in Småland gab es in den 1930er Jahren eine Wassermühle, die in Zeiten mit wenig Wasser von einem riesigen Zündkugelmotor angetrieben wurde. Eines Tages ging der Motor kaputt. Der Müller nahm den Motor auseinander, konnte ihn aber nicht mehr zusammensetzen. Er brachte die Teile zu einer Autowerkstatt, wo der Motor wieder zusammengebaut wurde. Um auszuprobieren, ob die Kurbelwelle rund lief, entfernte man die Reifen von einem aufgebockten Lastwagen und verband das Schwungrad des Motors per Treibriemen mit einer Achse des Lastwagens. Indem man das Schwungrad durch die Achse antrieb, stellte man fest, dass alles in Ordnung war. Nach beendeter Reparatur verließ man die Werkstatt und machte erst einmal Mittagspause. Nun kam allerdings der sehr zerstreute und nichts ahnende Lastwagenbesitzer in die Werkstatt und wollte seinen

Lastwagen Probe fahren. Der Lastwagen sprang an, aber der Zündkugelmotor ebenso. So ein Motor wurde normalerweise an einem Betonfundament festgeschraubt, aber dieser stand nun in einem einfachen Holzgestell. Der riesige Motor begann durch die Werkstatt zu hüpfen und alles niederzureißen, was ihm in die Quere kam. Die Werkstatt füllte sich rasch mit Dieselqualm, und niemand wagte es, sich dem stampfenden Ungeheuer zu nähern. Als nahezu alles in der Werkstatt platt gemacht und kaputt war, sprang der Motor in die Abschmiergrube und ging von selbst aus.

Mjölnaren

Ich bin auf die geniale Idee gekommen, die Weckfunktion meines Handys zu nutzen. Wenn ich in der Mittagspause einkaufen muss, stelle ich beispielsweise 13 Uhr ein. Wenn ich auf dem Heimweg von der Arbeit etwas zu besorgen habe, stelle ich das Handy auf 18.05 Uhr.

Roger, Trollhättan

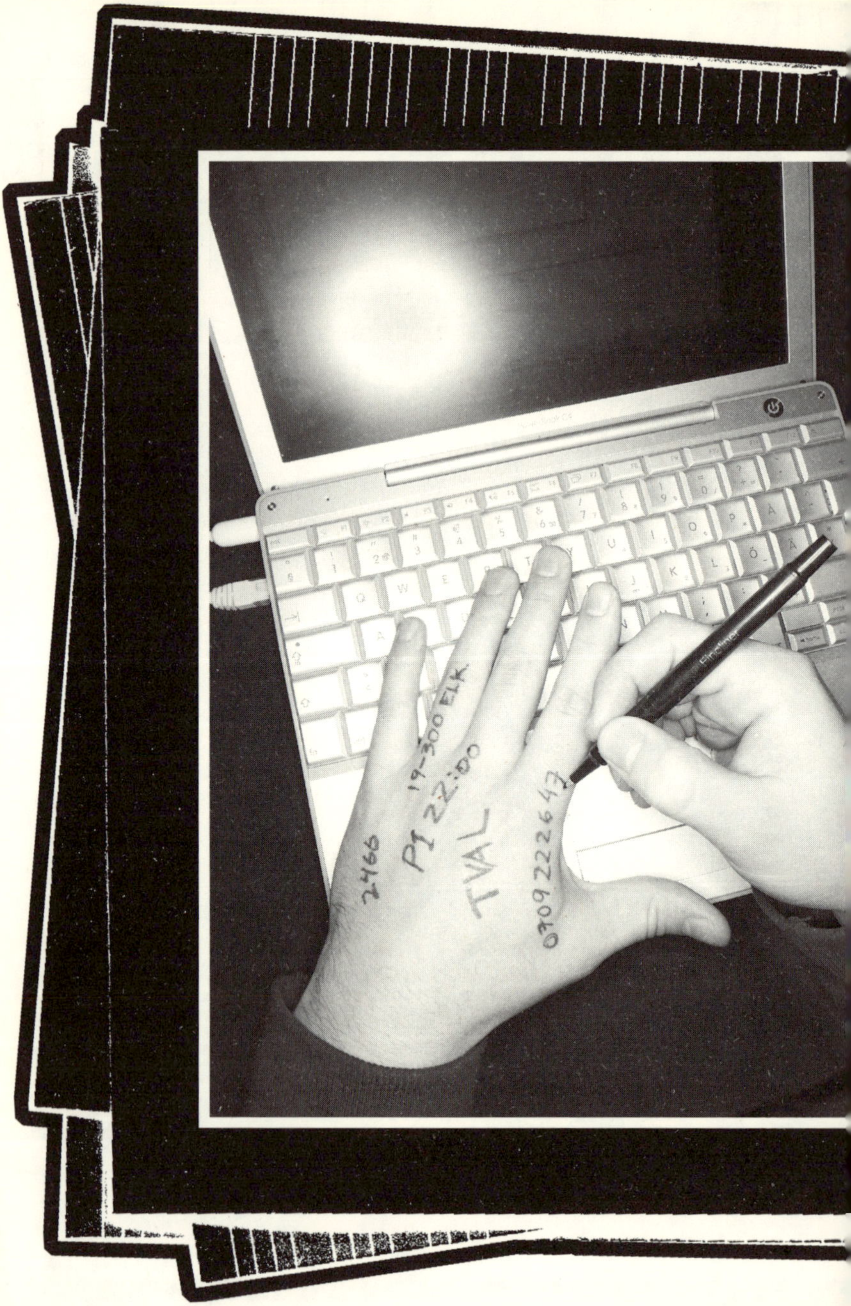
2466
PI 22:00
19-300 ELK
TVAL
0709 222643

Zerstreutheit und Technik

Das Handy piept. Eine SMS. Von meinem Zahnarzt. «Wir sehen uns am Dienstag, 25. April, 14 Uhr.»
Der Zahnarzt hat den Termin vor mehreren Monaten, als wir über meinen nächsten Besuch sprachen, in seinen Computer eingegeben. Jetzt hat der Computer automatisch eine SMS an mich geschickt, um mich daran zu erinnern. Geradewegs in meine Tasche. Was kann ein Zerstreuter sich mehr wünschen?
Wenig später piept mein Handy wieder. Jetzt ist es der integrierte Terminkalender. «Arbeitsessen mit Lotta in 60 Minuten.» Das habe ich selbst vor ein paar Tagen eingetippt, mit einer Vorwarnzeit von einer Stunde.
Der technische Fortschritt ist viel versprechend. Während früher nur wenige Auserwählte menschliche Assistenten hatten, die ihnen halfen, die praktischen Details im Griff zu behalten, hat heute im Prinzip jeder die Möglichkeit, sich kleiner technischer Assistenten zu bedienen. Vermutlich werden diese Geräte in fünfzehn bis dreißig Jahren richtig menschlich sein, vielleicht sogar angenehm. Wir können mit ihnen reden. Sie reden mit uns. Sie haben vielleicht sogar gelernt, ganz von allein in unsere Taschen zu springen, falls wir vergessen sollten, sie einzustecken, bevor wir das Haus verlassen.
Insoweit ein Loblied auf die neue Technik und die Vision einer rosig schimmernden Zukunft. Aber es ist nicht alles eitel Sonnenschein. Wahrhaftig nicht. Ein Problem ist dieses ewige Gepiepse und Geflimmer.
Es mag übertrieben klingen, aber es hat gewisse Ähnlichkeiten mit Foltermethoden wie dem über den Kopf gestülpten Eimer, auf den in unregelmäßigen Abständen Wassertropfen fallen.
Als Zerstreuter strebt man einen Zustand tiefer Konzentration

auf seine eigenen Gedanken an, ohne Störungen. Das Paradoxon ist, dass die Geräte, die dafür sorgen sollen, dass man nicht eine Menge Kleinigkeiten im Gedächtnis behalten muss, der Konzentration den Garaus machen, indem sie einen andauernd an irgendetwas erinnern. Beispielsweise Computerprogramme, die mitten während der Arbeit ein Fenster auf dem Monitor aufpoppen lassen, gerne begleitet von einem fröhlichen «Pling». Das kann jederzeit passieren. Zusätzlich zu den Terminen, die man selbst eingetragen hat, ist es in größeren Büros üblich, solche Erinnerungshilfen zentral zu programmieren und rundum an alle Rechner zu schicken.

Ein anderes Problem ist technisches Versagen. Ein Arbeitskollege, der besonders zerstreut war, kaufte sich einen Taschencomputer, in der Hoffnung, damit einen zuverlässigen Assistenten zu bekommen. Es ging eine Weile ganz gut, bis sein gesamtes Telefonverzeichnis, das er in stundenlanger mühevoller Arbeit eingetippt hatte, im Daten-Nirwana verschwand. Und dabei war er sogar Ingenieur. Nachdem er noch ein paarmal ähnliche Missgeschicke erlebte, kehrte er zum guten alten Notizbuch aus Papier zurück.

Manchmal ist die Technik ganz einfach unvollkommen, z. B. diese Schlüsselanhänger, die mit einem Signal antworten, wenn man pfeift. Ein geniales Konzept für uns, die wir unsere Schlüssel verlegen. Und wir sind Millionen. Der Markt dafür ist also riesig. Ich bekam einen solchen Schlüsselanhänger geschenkt. Er wurde mir während eines Essens im Restaurant überreicht. Ich pfiff. Das Ding piepste sofort. Der Haken an der Sache war, dass es während desselben Essens noch weitere sieben Mal piepste, als Reaktion auf andere Geräusche in dem lauten Lokal. Nach einigen Tagen voller unmotiviertem Gepiepse hatte ich es satt, warf den Schlüsselanhänger auf den Boden und trat herzhaft zu. Endlich war Ruhe.

Just in diesem Moment sind unzählige Tüftler in der ganzen

Welt (insbesondere in den USA) damit beschäftigt, sich Erinnerungshilfen (memory aids) auszudenken. Und wir Zerstreuten sollten froh darüber sein. Ein Entwicklungstrend geht dahin, Geräte zu konzipieren, die ganz von allein herausfinden, an was man erinnert werden will oder womit sie einem in einer bestimmten Situation behilflich sein könnten. Bisher sind diese Assistenten allerdings noch so dämlich, dass sie eher ein Ärgernis als eine Hilfe sind. So wie die ersten Versionen von Microsofts animiertem Schlauberger, dem Office-Assistenten. Urplötzlich und ungefragt poppte er auf dem Bildschirm auf und bot seine Hilfe beim Briefeschreiben an oder bei anderen Sachen, von denen er keine Ahnung hatte oder die man gar nicht durchführen wollte. Nach weltweiter Kritik bekam das fröhliche Kerlchen eine etwas zurückhaltendere Rolle im Programm zugewiesen.

Ein anderes Beispiel ist das viel diskutierte «intelligente» Haus, das über einen störend niedrigen Intelligenzquotienten verfügt, wie sich gezeigt hat. Nehmen wir nur mal den Kühlschrank, der Bescheid sagen soll, wenn die Milch alle ist. Wenn man den Milchbehälter schief hineinstellt, interpretieren die Sensoren die Situation völlig falsch. Oder das Projekt «Erinnerungsbrille», die in bestimmten Situationen dem Gedächtnis auf die Sprünge helfen soll. Zum Beispiel kann es passieren, dass «Hochzeitstag» auf dem Display an der Innenseite der Brillengläser aufblinkt, wenn der Name der Ehefrau im Zusammenhang mit einem bestimmten Tag genannt wird. Ein kleiner Fehler im Programm, und es könnte sehr peinlich für den Brillenträger werden.

1997 gewann in einem Hotel in New York zum ersten Mal ein Computer gegen den amtierenden Schachweltmeister. Es war ein historischer Tag. Eine Maschine besiegte den Menschen Kasparov in dem Spiel, das als Beweis höchster Intelligenz gilt. Das gibt uns einen Vorgeschmack auf die Zukunft. Ganz sicher werden elektronische Assistenten, Häuser, Brillen und andere technische Gerätschaften schlauer werden, und sicherlich ist das eine hoffnungsvolle Entwicklung für uns Zerstreute. Aber bis es so weit ist, befinden wir uns in einem Zwischenstadium, in dem sich kaum sagen lässt, welche Technik besser ist: die alte, erprobte – oder die neue?

Welche Technik passt zu deiner Zerstreutheit?

	+	–
Klassischer Kalender aus echtem Papier	1. Übersichtlich. Man kann leicht darin blättern und hat die ganze Woche im Blick. 2. Schnell. Man kann sofort losschreiben. 3. Einfach. Erfordert keine Vorkenntnisse, um anfangen zu können. 4. Kein technisches Versagen. 5. Kein diebstahlgefährdeter Gegenstand.	1. Kann nicht durch Piepsen an etwas erinnern. 2. Kann nicht mit dem Computer und dem E-Mail-Postfach synchronisiert werden. 3. Verliert man ihn, gibt es keine Sicherungskopie.
Elektronischer Kalender, Typ Taschencomputer	1. Kann E-Mails und Dateien vom Computer und aus dem Internet herunterladen. 2. Speichert extrem große Mengen an Informationen. 3. Verfügt über Alarm-/Erinnerungsfunktionen. 4. Multimediafähig. 5. Von allem lässt sich eine Sicherungskopie anlegen.	1. Technisch anfällig. 2. Erfordert das Studium eines dicken Handbuchs. 3. Umständliche Dateneingabe, falls man nicht flink mit einem kleinen Stäbchen hantieren kann.

Zerstreutheiten, die eigentlich ohne Wort sind:

«Wo ist meine Brille?»
«Die hast du doch auf der Nase ...»

«Mein Portemonnaie ist weg! Eine Katastrophe!»
«Schau, hier. Im Kühlschrank ...»

«Die Waschmaschine springt nicht an! Was ist das für ein blödes Mistding!»
«Hast du mal versucht, den Deckel zu schließen ...?»

«Hat einer mein Handy gesehen?»
«Machst du Witze? Kuck mal in deine rechte Hand ...»

«Was ist denn jetzt schon wieder mit dem Türschloss? Der Schlüssel lässt sich nicht drehen.»
«Du, das ist die Tür unseres Nachbarn ...»

«Der Fernseher geht nicht! Morgen rufe ich den Techniker an.»
«Aber du hast doch den Stecker rausgezogen, als du Staub gesaugt hast ...»

«Ach, sind wir die ersten Gäste? Wir hatten schon befürchtet, wir kommen zu spät.»
«Na ja, tatsächlich seid ihr einen Tag zu früh ...»

Tipps und Tricks

Das Verb zu «zerstreut» müsste eigentlich nicht zerstreuen, sondern *ver*streuen heißen. Denn wir verstreuen Dinge um uns herum, um anschließend durch die Gegend zu rennen und nach ihnen zu suchen – wir finden die TV-Fernbedienung im Kühlschrank, die Autoschlüssel in der Obstschale, den fehlenden Schuh im Wäschekorb. Die folgenden Tipps und Tricks dienen nicht dem Ziel, die Zerstreutheit zu beseitigen. Natürlich nicht. Zerstreutheit ist etwas Wunderbares. Aber wie wir alle wissen, können ihre praktischen Konsequenzen lästig sein. Die folgenden Tipps mildern die Konsequenzen, sodass wir den Fokus verstärkt auf unsere innere Gedankenwelt richten können.

Das Wichtigste mitnehmen

Als ich heute zur Schule fahren wollte, merkte ich, dass ich mein Handy vergessen hatte. Ich lief zurück und holte es, aber als ich wieder zur Bushaltestelle kam, merkte ich, dass ich auch meine Monatskarte nicht dabeihatte. Ich musste nochmal nach Hause, und als ich vor der Haustür stand, stellte sich heraus, dass ich mich ausgesperrt hatte, weil ich die Hausschlüssel neben dem Handy abgelegt hatte, bevor ich es an mich nahm. Ich rief den Schlüsseldienst an, der auch kam und die Tür öffnete. Rasch holte ich den Hausschlüssel und lief los, ließ aber dafür nun wieder das Handy liegen. Das war der Moment, in dem ich beschloss, Mitglied im Reichsbund der Zerstreuten zu werden. Wo könnte ich besser aufgehoben sein als hier?

Öyvind, Solna

Ideal wäre es, wenn die wichtigsten Sachen wie Portemonnaie, Schlüssel, Handy alle am Körper befestigt wären. So wie unsere Extremitäten. Wenn wir Kopf, Hände, Arme abnehmen könnten, hätten wir sie vermutlich längst irgendwo liegen gelassen und verloren. Einige der härteren Fälle unter uns würden sicher auch auf einem Bein loshüpfen, bis jemand sagt: «Vergiss das andere Bein nicht.» – «O ja, richtig. Vielen Dank.» Aber zum Glück sind sie ja festgewachsen. Es könnte leicht makaber werden, wenn sie es nicht wären. In nicht allzu ferner Zukunft wird es wohl so sein, dass ein Chip im Finger die Geldbörse ersetzt, unser Fingerabdruck zum persönlichen Schlüssel wird und das Handy in der Armbanduhr Platz findet oder uns in Ohr oder Wange implantiert wird. Aber bis dahin müssen wir uns noch mit etwas weniger ausgetüftelten Methoden begnügen, um alles im Griff zu behalten.

TIPP

Binde dir so viele wichtige Sachen wie möglich mit Riemen und Schnüren an den Körper. (Aber pass auf, dass du nicht andere Leute oder Möbel oder Sonstiges mit festbindest.)

Eine andere Variante ist, sich eine einfache Routine anzugewöhnen. Wohlgemerkt eine *einfache*. Wie beispielsweise die, Dinge an **einen** (1) bestimmten Platz zu legen, sobald man nach Hause kommt. Viele verbringen in der Summe Tage, ja Wochen pro Jahr damit, nach Dingen zu suchen – vor allem Schlüssel, Portemonnaies oder Handys. Wenn wir eine Routine finden könnten, die unsere Suchzeiten um, sagen wir mal,

50 Prozent reduziert, könnten sogar wir Zerstreuten geneigt sein, sie uns anzugewöhnen.

Morgens, bevor ich zur Arbeit gehe, und meistens bin ich ziemlich spät dran, finde ich entweder den Hausschlüssel nicht, das Portemonnaie, das Handy oder meine Fahrradschlüssel. Mann, was für ein Stress! Aber seit kurzem habe ich mir angewöhnt, diese vier Sachen am Abend vorher in eine bestimmte Schublade zu legen. Und an die erinnere ich mich, wenn ich zur Arbeit muss.

Anders, Norrköping

Klassische Dinge, die verloren gehen

Handschuhe sind die Klassiker, wenn es um die am häufigsten verlorenen Dinge geht. Wir sehen sie überall herumliegen, auf Sitzpolstern im Zug, auf Parkbänken, unter den Stühlen von Gästen, die gerade gegangen sind – Spuren der Zerstreutheit. Mein Sohn Max, erblich vorbelastet und aus Erfahrung klug, kaufte als 19-Jähriger mehrere Paar Reservehandschuhe für den Winter. Bereits im November hatte er vier Paar verloren … Schade, dass den durch eine Kordel miteinander verbundenen Fäustlingen, wie Kleinkinder sie tragen, der Ruf des Idiotischen anhaftet. Das ist eine Einstellung, die der Reichsbund der Zerstreuten ändern will: Wir wollen die Fäustlinge am Band zu einer Mode für Erwachsene machen! Mützenklammern wären auch keine schlechte Idee. Wie gesagt: Alles, was am Körper befestigt werden kann, sollte am Körper befestigt werden. Wenn man sich gegen Bänder sträubt (insbesondere Teenager sind vielleicht schwer dazu zu überreden), sollte man zumindest so vorausschauend sein, sich zehn Paar Extrahandschuhe in den Schrank zu legen. Alle in Farbe und Ausführung identisch natürlich. Wenn man einen Handschuh verliert, nimmt man einfach einen aus dem Reservevorrat und hat wieder ein komplettes Paar.

Man sollte sich auch ein Sockenlager anschaffen, wenn man schon einmal dabei ist. Wenn man sechs Socken in die Waschmaschine gibt, kann man darauf wetten, dass man nach dem Waschen nur fünf wieder herausholt. Die sechste wird auf ewig verschollen bleiben. Das ist eines der Mysterien des Lebens. In der Sockenschublade liegen bestimmt drei bis sieben ungleiche Paare, falls man nicht bereits resigniert und sie weggeworfen hat. Am besten, man kauft zehn Paar der gleichen Sorte im Bündel, dann spart man auf Dauer gesehen. Einfach die verwaiste Socke mit einer von den neuen kombinieren!

Viele Geschäfte unterstützen die Zerstreuten, indem sie Socken in Großpackungen verkaufen. Sei dankbar dafür!

Regenschirme sind ein weiterer Verlierklassiker. Zum Glück sind sie mittlerweile so billig, dass man sich zu Hause und am Arbeitsplatz einen Vorrat anlegen kann.

TIPP

Kaufe ein Dutzend Extraschirme. Oder halte dich öfter in Ländern auf, in denen es selten regnet.

Fundbüros sind voll von Verlierklassikern: Brillen, Taschenbücher, Handys, Geldbörsen und, besonders im Winter, Schals und Handschuhe – aber auch größere Objekte wie Kinderwagen. Eines der kuriosesten Dinge, von denen das Fundbüro am Stockholmer Flughafen Arlanda berichtet, ist eine Armprothese.

Jemand hatte einfach seinen Arm vergessen.
Auch Fundbüros haben Stammkunden, Leute, die immer wiederkommen. Eigentlich müssten sie nach dem zehnten Besuch so eine Art VIP-Ausweis bekommen, der ihnen eine besonders bevorzugte Bedienung garantiert (vielleicht mit Kaffee und Kuchen).

Wie man die Sachen der Kinder wieder findet

Der zerstreuteste Teil der Bevölkerung sind zweifellos Kinder. Sie zeigen alle charakteristischen Merkmale: die Fähigkeit, für den Moment zu leben, sich ihren eigenen Gedanken hinzugeben und als Konsequenz daraus das meiste zu vergessen und Dinge in weitem Umkreis um sich herum zu verstreuen. Echte Zerstreute können sich darüber freuen, dass sie sich ihr kindliches Gemüt bewahrt haben, zumindest in dieser Hinsicht. Kleine Kinder haben allerdings den Vorteil, dass sie weder Zeit noch Energie darauf verwenden müssen, verlorene Sachen wieder zu finden. Das ist das Los der Eltern, was diese durch jahrelanges Nörgeln und Ermahnen an ihre Kinder zu delegieren versuchen.

TIPP
Falls du viele Kinder hast, schaffe dir viele Kisten an. Spiele mit ihnen das Kistenspiel, bis sie von zu Hause ausziehen.

Karin Strand, eine Mutter von vier Kindern, hatte beizeiten erkannt, dass man ein ganzes Arsenal an Tricks braucht, um das Chaos zu minimieren und selbst zerstreut sein zu dürfen. Einer dieser Tricks heißt: Kisten. Im Flur beispielsweise eine Kiste für jedes Kind. Dort hinein werden die Handschuhe, Socken, Mützen, Schals des jeweiligen Kindes gelegt. Das ist pfiffig. Dann können die Eltern sagen: «Leg die Handschuhe in *deine* Kiste!» Das verstehen selbst die Kleinsten: «Meine Kiste!»

Schaffe weitere Kisten für Keller oder Dachboden an, um dort die Winter- bzw. Sommerkleidung aufzubewahren. Hier sortiert man nicht nach Kindern, sondern nach Art der Kleidungsstücke: eine Kiste für Handschuhe, eine für Socken, eine für Mützen und Schals, eine für Overalls. Wenn es Herbst wird, braucht man nur die Kisten hervorzuziehen und zu probieren, welches Kind aus welchen Sachen herausgewachsen ist.

Platziere außerdem Kisten unter den Betten: eine für Lego, eine für Puppen, eine für Autos. Einfachheit ist die Rettung für Zerstreute.

Wenn die Kinder in den Kindergarten kommen, werden die Erzieher fragen, ob du nicht Namensbänder kaufen und an der Kleidung deiner Kinder befestigen willst. Beantworte diese Frag mit *Ja*.

Kinder erfordern eine gute Logistik. Spielgruppe, Tanzen, Fußball, Fotokurs, Schulunterricht. Ständig finden irgendwelche Aktivitäten statt, zu unterschiedlichen Zeiten, von denen die Kinder nur eine vage Vorstellung haben, wenn überhaupt. Hier haben höchstens die Erwachsenen den Überblick. Als wäre das noch nicht genug, müssen die Kinder auch noch dorthin transportiert werden.

Ein Wandkalender verschafft guten Überblick und kann als Terminplaner für die ganze Familie dienen, vorausgesetzt, man denkt daran, die Termine auch einzutragen. Was den Transport betrifft, hat man vielleicht das Riesenglück, dass es andere Eltern gibt, die nichts lieber tun, als Kinder zu den verschiedenen Veranstaltungen hinzubringen und auch wieder abzuholen.

TIPP
Verschicke SMS. Das ist der zuverlässigste Weg, ins Bewusstsein der Kinder vorzudringen, vorausgesetzt, sie haben ihr Handy nicht verbummelt.

Wie man alles für Job oder Schule mitnimmt

Es ist Morgen, und die Arbeit ruft. Das ist ein kritischer Moment im Leben des Zerstreuten: die Fortbewegung von einem Ort zum anderen. Handy, Tasche, Lunchbox – sie warten nur darauf, vergessen zu werden. Könnten diese Dinge denken, würden sie innerlich aufstöhnen, wenn sie einen in voller Fahrt durch die Tür verschwinden sehen: «Nicht schon wieder!»

Eilige Schritte die Treppe hinunter und weg. Drei Minuten später. Eilige Schritte die Treppe herauf und ein Schlüssel, der im Türschloss klappert. Der Zerstreute stürmt herein und hetzt im Zickzack durch die Wohnung, um schließlich auszurufen: «Da bist du ja!»

Als ob Gegenstände sich bewusst verstecken könnten. Danach geht es gemeinsam los.

Weiter vorne in diesem Kapitel haben wir über die kleinen, wichtigen Sachen gesprochen, die auf jeden Fall mitgenommen werden müssen (Schlüssel, Portemonnaie, Handy). Wie sieht es mit den größeren Sachen aus, und wie vermeidet man, sie auf dem Weg zur Arbeit oder zur Schule zu verlieren?

Jeden Tag, wenn ich mit dem Bus zur Arbeit fahre, habe ich **eine** (1) Tasche dabei. Das ist meine Arbeitstasche. Sie mitzunehmen ist ein ebenso natürlicher Reflex wie das Gehen. Das Gehirn hat sich derart an das Gewicht der Tasche gewöhnt, dass es sofort meldet: «Da fehlt was!», wenn der Arm nicht durch die Last nach unten gezogen wird. Ich brauche nicht an die Tasche zu denken, sondern kann im Bus sitzen und in Gedanken bei der Arbeit, den Kindern oder anderen wichtigen Dingen sein. Die Tasche kommt ganz von allein mit. Ich kann mich nicht erinnern, wann ich sie zuletzt vergessen hätte. Aber manchmal nehme ich zusätzlich noch eine Tasche mit einer Lunchbox mit. Dasselbe Problem haben Frauen mit Handtaschen. Das Gehirn ist nicht daran gewöhnt, dass man mehr als eine Sache in der Hand hat. Und wenn ich nicht aktiv daran denke: «Jetzt habe ich **zwei** Sachen, auf die ich aufpassen muss», ist das Risiko groß, dass ich mit nur **einer** Sache in der Hand aus dem Bus steige.
Einmal, als meine Lunchbox die Fahrt ganz allein fortsetzte, half mir das Busunternehmen. Man machte sie ausfindig und schickte sie mit einer anderen Buslinie zurück, sodass ich sie drei Stunden später wieder in Empfang nehmen konnte. Aber wir können nicht damit rechnen, dass man uns Zerstreuten gegenüber immer so hilfsbereit ist. Außerdem kostet es sehr viel Zeit, einer Lunchbox hinterherzutelefonieren, und wenn man sie dann an einem bestimmten Ort abholen soll, muss man auch noch daran denken, zur richtigen Zeit dort zu sein.

TIPP
Aus zwei wird eins, wenn du die Lunchbox in der Arbeitstasche oder der Handtasche verstaust. (Vergiss nicht, die Lunchbox vorher zuzumachen.)

Lunchboxen sind ein Kapitel für sich. Die Restaurantbranche verdient eine Menge Geld damit, dass wir vergessen, etwas zu essen von zu Hause mitzunehmen. Als Erstes müssen wir daran denken, die Lunchbox zu füllen: Reste vom Mittagessen aufheben, in eine spezielle Gefrierdose füllen (Haben wir noch Gefrierdosen? – Oder stehen die alle in der Firma?), Gefrierdose in den Gefrierschrank stellen. Nächster Schritt: Wie denken wir daran, die Dose mit zur Arbeit zu nehmen?

Um die Lunchbox, die man jeden Abend vorbereitet und am nächsten Morgen doch wieder zu Hause stehen lässt, nicht zu vergessen, kann man sie in die Arbeitstasche stecken und die gesamte Tasche in den Gefrierschrank legen. Die Arbeitstasche vergesse ich so gut wie nie. Dem Handy macht es (nach Angaben des Herstellers) nichts aus, wenn es eine Nacht im Gefrierschrank liegt.

Jenka

Diese Lösung erfordert einen geräumigen Gefrierschrank oder eine kleine Tasche. Eine weniger drastische Methode besteht darin, einen großen, sperrigen Merkzettel an die Tasche oder auf das Handy zu kleben. Nächster Schritt: die Box auch sicher in die Firma bringen.

Ich wohnte in Barkarby und fuhr jeden Morgen mit dem Vorortzug in die Stadt. Eines Morgens, als ich wie üblich nach meiner besonderen Lunchbox-Tasche griff, bat meine Frau mich, den Müll mit nach draußen zu nehmen. Als ich auf dem Bahnsteig stand, merkte ich, dass ich den Müllbeutel in der Hand trug. Ich musste zu Hause anrufen und meine Frau bitten, meine Tasche mit der Lunchbox aus der Mülltonne zu holen.

Göran, Torsåker

Wie man vermeidet, den Müll mit zur Arbeit zu nehmen

Für die meisten Menschen dauert der Weg zur Mülltonne und zurück höchstens ein paar Minuten. Trotzdem halten wir stur daran fest, dass Müll allein noch keinen Gang rechtfertigt. Müll wegbringen darf keinen höheren Stellenwert als den einer Nebenhandlung haben. Diese Einstellung ist ein Paradebeispiel für das Bestreben der Zerstreuten, Routinearbeiten zu minimieren und zu automatisieren – ein Vorhaben, das häufig scheitert. Wie oft haben wir nicht schon im morgendlichen Berufsverkehr Menschen gesehen, die sich an die Stirn schlagen oder die Augen verdrehen? Sie sind nicht krank oder verwirrt. Sie haben ganz einfach den Müll vergessen.

Ein Trick ist, eine Schnur an der Klinke der Wohnungstür zu befestigen und das andere Ende an den Mülleimer zu binden, der meistens in der Küche unter der Spüle steht. Wenn man auf dem Weg nach draußen die Tür öffnet, wird man ein Gepolter aus der Küche hören. Ansonsten besteht die Standardlösung darin, die Mülltüte vor der Wohnungstür zu platzieren, sodass man auf dem Weg nach draußen darüber stolpert. Dasselbe gilt für den Wäschekorb, die Altpapierkiste und anderes, was wir liebend gerne vergessen. Setze einen Helm auf, falls du fürchtest, dich zu verletzen.

Wenn man nun die Mülltüte an sich genommen hat, bedeutet das noch nicht, dass die Sache damit erledigt wäre. Natürlich

nicht. Wir reden hier von Zerstreutheit. Vielleicht stellt man den Müllbeutel zum Abschließen der Tür auf den Boden und vergisst ihn dort, oder – das ist der Klassiker – man nimmt ihn mit zur Arbeit.
Zahlreich sind wir, die mit öffentlichen Verkehrsmitteln fahren und dabei in der einen Hand eine Mülltüte und in der anderen eine Aktentasche halten.
Ich selbst habe Mülltüten mehrere Straßen weit getragen, habe sie im Bus transportiert, mit ins Büro gebracht (unter dem Grinsen der Kollegen) und nicht begriffen, was los ist, bis ich die Tüte auf dem Schreibtisch abstellte: Was zum Teufel …
Peinlich? Den ganzen Weg von zu Hause bis in die Firma war ich total darauf konzentriert, ein Problem zu lösen, und habe es auch mehr oder weniger gelöst. Sollen die Kollegen doch lachen!

TIPP
Schäme dich nicht, falls du die Mülltüte oder den Beutel Schmutzwäsche mit zur Arbeit genommen hast. Sei stolz auf deine Fähigkeit, dich auf Wesentlicheres zu konzentrieren.

Mit Zetteln leben

Merkzettel in allen Ehren: Wir Zerstreuten wissen aus Erfahrung, dass diese Zettel die unangenehme Neigung haben, verschwunden zu sein, wenn wir sie am dringendsten brauchen.

Nehmen wir nur die Frau, die verzweifelt nach einem Zettel mit der Telefonnummer suchte, die sie sich kürzlich notiert hatte. Jetzt wollte sie dort anrufen. Sie suchte überall. Schließlich gab sie es auf, ging ins Bad und schaute in den Spiegel. Da war er, der Zettel: auf ihrer Stirn.
Der beste Tipp ist, alles in eine Kladde zu schreiben oder alle Zettel an einen einzigen Platz zu kleben. Dann hast du **eine** Stelle, wo du suchen kannst, anstatt 10 oder 20 Zettel an 10 oder 20 verschiedenen Stellen.
Mein Favorit ist ein Filofax, ein inzwischen beinahe kiloschwerer Brummer mit einem schön abgenutzten Ledereinband. Er ist ein wichtiger Teil meines Gehirns und damit eines meiner kostbarsten Besitztümer.

TIPP
Wenn du musst, schreibe so viele Zettel wie möglich, aber bündele sie und lege sie an einen einzigen Platz.

Eine andere Art von Papieren, die unser Leben beeinflussen, sind Rechnungen, Bestellscheine, Lieferscheine, Rundschreiben, E-Mail-Ausdrucke, Protokolle, Formulare, Internet-Ausdrucke … Die «papierlose Gesellschaft» hat sich als Schimäre erwiesen. Nur die Technologieunternehmen trauen sich noch, zu versichern, dass wir auf dem besten Wege dahin seien – mithilfe ihrer Produkte.

Ich wollte einen Zettel wegwerfen. Unglücklicherweise zerknüllte ich dabei das Schreiben an einen Kunden, das ich in der anderen Hand hielt. Aber dann kam mir die glänzende Idee, das Anschreiben unter eine schwere Spanplatte zu legen, um es zu glätten. Und dort fanden meine Kollegen es zwei Monate später. Sie hatten sofort einen Verdächtigen – mich.

Nils, Mora

All diese Papiere führen zu einem Durcheinander, das organisiert werden muss. Das ist zeitraubend und aufwändig. Wir Zerstreuten kämpfen darum, dem zu entgehen, wir suchen Abkürzungen, denken in anderen Bahnen. Das Ergebnis kann man beispielsweise an manchen Schreibtischen ablesen, die sich unter Stapeln von Dokumenten und Büchern biegen, bei denen man sich wie ein Archäologe durch die vergangenen Zeiten graben kann. «Chaos» sagen Ordnungsfanatiker dazu. Sie haben nicht verstanden, dass dies ein Zeichen von Kreativität und persönlicher Struktur ist. Davon abgesehen darf ein Außenstehender unter gar keinen Umständen darangehen und «aufräumen».

Ein typischer Fall war eine Chefärztin im Karolinska-Hospital, deren großes Dienstzimmer mit Sofa und Besuchertisch und Extrastühlen keinen Platz für Gäste bot, nicht einmal ein kleines Fleckchen, um eine Tasse Kaffee abzustellen. Möbel, Fußboden und Tisch waren bepackt mit Stapeln von Papieren. Ihr schien das nicht aufzufallen, unbeeindruckt schaufelte sie einen Sitzplatz frei und erzählte eifrig von ihrem Projekt, dem Bau eines Forschungszentrums. Eins-zwei-drei zog sie ein Papier aus einem der Stapel hervor und erläuterte ihre Idee. Sie wusste genau, wo was lag.

Ihr Albtraum und der anderer Zerstreuter wäre es, wenn jemand sich – und sei es in bester Absicht – daranmachte, mal ordentlich aufzuräumen, alle Bücher und Papiere in Kartons verstaute und anschließend gründlich durchwischte. Hinterher wäre es bestimmt schön sauber, aber wahrscheinlich müsste man das Projekt des Forschungszentrums um mindestens ein halbes Jahr verschieben.

TIPP
Räume nicht bei einem Zerstreuten auf, ohne vorher zu fragen. Es könnte ein Chaos geben.

Einmal wurde bei uns in der Firma ein Kurs für «Persönliche Effizienz» veranstaltet. Die Kursleiterin war eine sehr mütterliche Dame, die nach einer kurzen theoretischen Einführung darauf bestand, sich zu uns an die Schreibtische zu setzen. Sie ging von einem zum anderen und verkündete: «So, meine Lieben, jetzt räumen wir erst einmal richtig auf.»
Uns lief eine Gänsehaut über den Rücken.
«Ich bleibe bei euch sitzen, bis wir fertig sind», erklärte sie.
«Aber das kann ganz schön dauern.»
«Kein Problem … Also, was ist das hier?»
Dann nahm sie jedes Stück Papier auf dem Tisch in die Hand, eins nach dem anderen, und bei jedem musste entschieden werden: wegwerfen oder aufheben, wegwerfen oder aufheben …
Es hatte etwas von Frühjahrsputz. Mühsam der Anfang, mühsam die Durchführung. Aber herrlich befreiend, wenn man damit durch ist.

Eine wichtige Erkenntnis aus dieser Übung war, dass viele Papiere auf dem Schreibtisch eigentlich längst in den Papierkorb gehört hätten. Dass sie noch auf dem Schreibtisch lagen, war der Überlegung zu verdanken: «Das sehe ich mir später an ... kann ja nicht schaden, es erst mal aufzuheben.»
Wie viele Büros, Fensterbänke und Kleiderschränke sind nicht voll gestopft, weil wir so denken?

TIPP

Lege alle Papiere, die du als «Später durchsehen» einstufst, auf einen Stapel. Automatisch wird das neueste Papier ganz oben liegen, ältere Sachen liegen chronologisch abgestuft weiter unten. Gib dem Stapel einen schönen Namen, zum Beispiel «Strukturarchiv».

Ebenso wie die Inflation echter Papiere für Unordnung sorgt, sammelt sich auch im Computer leicht eine Menge Müll an. Viele Leute verbringen einen hübschen Batzen ihrer Arbeitszeit damit, Dateien in Ordner zu sortieren. Andererseits haben selbst Zerstreute es vielleicht satt, dass eine Unmenge von Dateien auf ihrem virtuellen Schreibtisch herumliegt. Sie sollten auf ihrem Desktop einen Ordner einrichten, der «Meine Kiste» heißt, und alle Dateien und Unterordner dort hinein verschieben. Das Resultat ist ein blitzblanker Desktop. Kollegen, die an dem Computer vorbeikommen, werden sie für ihre Ordnung loben.

Bei unseren Bemühungen, so wenig Zeit wie möglich für Ordnung aufzuwenden, suchen wir Zerstreuten oft nach Abkürzungen. Ein echter Zerstreuter wird immer auf der Suche nach dem Punkt sein, an dem Ordnung und Zerstreutheit sich die Waage halten. Das heißt, er hält gerade so viel Ordnung, wie nötig ist, damit er seinen zerstreuten Lebensstil mit einem Höchstmaß an Zeit für seine eigenen Gedanken beibehalten kann. Nicht mehr und nicht weniger. (Siehe dazu das Kapitel über Zerstreutheit und Wirtschaft.) Was nicht heißen soll, dass es keine gute Idee ist, sich hin und wieder ein paar Stunden Zeit zu nehmen, um ordentlich aufzuräumen.

TIPP

Es gibt einen Jahrestag für alles Mögliche, also warum nicht einen «Tag des sauren Apfels» einführen, an dem man lästige Pflichten erledigt? Er könnte abends durch eine «Sauerbier-Party» abgerundet werden, vorzugsweise mit Leuten, denen man seit langem eine Einladung schuldig ist.

Wie man sich Geheimzahlen merkt

Bei einer Wohnungsbaugenossenschaft im Stockholmer Stadtteil Östermalm bestand die «Sicherheitsabteilung» darauf, dass der Zahlencode für die Haustüren mindestens alle drei Monate aus Sicherheitsgründen geändert werden müsse. Als gäbe es nicht schon genug Zahlencodes, die man sich merken muss!

Um den Zerstreuten zu helfen, war man bereit, historische Jahreszahlen zu nehmen. Zahlen, die mit einem Ereignis zusammenhängen, kann man sich leichter merken. Aber der erste Code, der auf einem Zettel mitgeteilt wurde, war «1949». Was passierte in dem Jahr? Keiner hatte eine Ahnung. Die Nachbarn berieten sich im Treppenhaus darüber. Jemand sagte, dass in dem Jahr die NATO gegründet wurde, aber das schien doch ein bisschen weit hergeholt für einen Haustürcode zu sein. Schließlich erkundigte man sich direkt bei der Sicherheitsabteilung und erfuhr, dass im Jahr 1949 wichtige Gesetzesänderungen zur Pressefreiheit erlassen worden waren.
Drei Monate später kam die Sicherheitsabteilung mit einem neuen Code: 0837. Da gaben es die meisten Leute auf, historische Ereignisse mit der Zahlenkombination verknüpfen zu wollen.
Das Leben ist für Zerstreute nicht einfacher geworden, wenn wir an all die Codes denken, mit denen wir belastet werden. Passwörter für den Computer, das Bankkonto, die Kreditkarte, die Tankkarte – Geheimzahlen, PINs, Internet-Einwahlcodes. Wo soll das alles enden? Viele Codes sind zufällig generierte Zahlen- und/oder Buchstabenkombinationen ohne Merkhilfen oder Muster, «zu Ihrer Sicherheit».
Ein zerstreuter Mensch rief bei einer internationalen Kreditkartengesellschaft an und bedankte sich dafür, dass er seine Plastikkarte und eine Geheimzahl erhalten hatte. Jetzt wollte er wissen, wo genau auf der Homepage der Firma er diese Geheimzahl ändern könne, in eine Zahlenkombination, die ihm und seiner Frau die Chance böte, sie sich einzuprägen. «Diese Möglichkeit bieten wir nicht an», bekam er zu hören, plus weitere 15 Argumente, warum Zufallszahlen sicherer seien.
Wir Zerstreuten protestieren gegen eine derartige Tyrannei der Zufallszahlen. Wir fordern im Namen aller Zerstreuten das Recht, uns unsere eigenen Geheimzahlen auszudenken. Und

außerdem wollen wir menschenfreundliche Haustürcodes haben. Hallo? Hört uns jemand zu?

TIPP
Rufe deine Bank an und bestehe darauf, dir eine eigene Geheimzahl auszudenken.

Bis wir stark und zahlreich genug sind, dass wir größeren Druck ausüben können, müssen wir uns wohl anpassen, es sei denn, wir verzichten darauf, Geld abzuheben und Freunde zu besuchen. Deshalb haben wir uns ein paar Tricks überlegt. Einer besteht darin, zusätzlich zu Namen und Adresse den Haustürcode ins Handy einzuprogrammieren. Ein anderer Trick ist, im Adressbuch Geheimzahlen zu verstecken, indem man fiktive «Freunde» und ihre «Telefonnummern» notiert: Volker Schmidt, 0834-7881584 (für die Volksbank) oder Lena Deutsch, 0157-9434526 (für die Deutsche Bank).

So sieht in der Regel ein Tastenfeld im Geldautomaten aus (allerdings ohne die Buchstaben A und B):

1	2	3
4	5	6
7	8	9
A	0	B

Geheimzahlen kann man sich meistens besser merken, wenn man sie sich als Muster vorstellt. Wir reden hier nicht von persischen Teppichen, sondern von minimalistischer Kunst, beispielsweise einem senkrechten Strich. 2580 wird zu einem glatten Strich in der Mitte von oben nach unten; 1478 ist ein L, 4568 ein Dreieck usw.

Wenn wir uns trotz allem zutrauen, mehrere Ziffern im Kopf zu behalten, empfiehlt sich ein Zahlenschloss. Ein Bekannter von mir, zu dessen Ferienhaus vier Schuppen und folglich vier Vorhängeschlösser gehören, ist halb durchgedreht bei dem Versuch, immer alle passenden Schlüssel parat zu haben. Stand er vor einem Schuppen, hatte er entweder den falschen Schlüssel dabei oder gar keinen. Jetzt hat er sich für alle Schuppen Zahlenschlösser besorgt. Und sich dazu Geheimzahlen ausgedacht, vor denen immer alle Sicherheitsleute warnen, weil sie so leicht zu erraten sind. Die Geheimzahlen bestehen aus ganz persönlichen Daten, wie etwa dem Jahr seiner Einschulung und den Geburtstagen seiner Kinder. Abgesehen davon haben alle Schlösser dieselbe Geheimzahl. Aber die vergisst er nie, und schließlich hortet er in seinen Schuppen ja keine Goldbarren.

TIPP
Schaffe dir Zahlenschlösser an, dann brauchst du keinen Schlüssel. Kaufe eine Eisensäge, falls du die Geheimzahl doch einmal vergessen solltest.

Wie man Dinge an einem sicheren Ort verwahrt

Ich wollte einen viertägigen Ausflug in die Natur machen. Weil ich dabei kein Geld brauchen würde, versteckte ich mein Portemonnaie für den Fall, dass jemand in meine Wohnung einbräche. Als ich nach Hause kam, dauerte es drei Tage, bis ich es endlich wieder gefunden hatte. Puuhhh!

Leif, Ängelholm

Versuchen wir, uns in den Kopf eines Einbrechers hineinzuversetzen. Er wühlt vermutlich zuerst alle Schubladen durch, leert die Schränke, schaut unters Bett, unter die Matratze, dreht alle Kissen um und fegt die Bücher aus den Regalen. Im Film sucht er auch noch hinter Bildern nach einem Safe. Also werden wir an all diesen Plätzen keine Wertsachen aufbewahren. Wir schlagen ihm ein Schnippchen.

Ein Tipp sind anonyme Orte. Beispielsweise Geldscheine in einem Buch verstecken. Einem völlig unscheinbaren Buch, das nicht zum Lesen animiert und sich nicht von anderen Büchern im Regal abhebt. Allerdings besteht eine gewisse Wahrscheinlichkeit, dass man selbst das Geld erst viel, viel später wieder findet (wenn überhaupt). Aber immerhin, wäre es nicht eine freudige Überraschung, wenn aus einem schäbigen Buch plötzlich Geldscheine regneten?

Ein anderer Tipp sind die allerunwahrscheinlichsten Orte. Bei denen niemand jemals darauf käme, dass sich hier Wertsachen verbergen könnten.

Freunde von uns wollten für zwei Wochen in Urlaub fahren und baten mich, für diese Zeit eine gewisse Summe Bargeld an mich zu nehmen, die sie aus irgendwelchen Gründen nicht auf ein Bankkonto einzahlen wollten oder konnten. Komisch irgendwie, aber na ja. Warum nicht. Für mich kein Problem.

Und das war es auch nicht, bis zu dem Tag, als sie aus dem Urlaub

zurückkamen und das Geld abholen wollten. Ja, wo war es denn? Wir stellten das ganze Haus auf den Kopf. Kein Geld zu finden. Sie verdächtigten mich nicht, es gestohlen zu haben. Nein, das nicht. Die Frage war nur, wann und wo es wieder auftauchen würde.
Drei Wochen später holte meine Lebensgefährtin zum Mittagessen drei Kabeljaufilets aus dem Gefrierschrank. Ratet mal, was zwischen den Filets lag. Richtig, ein kleines schmales Bündel Geldscheine in einer Plastiktüte.
Wahrscheinlich habe ich gedacht, dies sei der sicherste Platz im ganzen Haus. Und das war er ja auch. Obwohl die Eigentümer des Geldes nicht gerade erfreut darüber waren. Die Scheine rochen ganz schön fischig.
Seitdem habe ich für niemanden mehr Wertsachen aufbewahrt.
Ted, Långsele

Ungewöhnlich war der Aufbewahrungsort. Deshalb ist er auch ziemlich beliebt. Eine der ersten Stellen, die die Polizei bei einer Hausdurchsuchung unter die Lupe nimmt, ist gerade der Gefrierschrank, ganz besonders wenn es um Drogen oder Geld geht.

Wie man verlorene Sachen wieder findet

Wir Zerstreuten – und unsere Lieben – wissen, dass in unseren schusseligen Händen Dinge plötzlich und spurlos verschwinden können.
«Wo ist das hin?»
«Weiß ich nicht.»
«Aber vor fünf Minuten hattest du es doch noch in der Hand.»
«Ja, aber es ist weg. Es hat Beine bekommen. Ich verstehe das nicht.»
Gustav Jansson verlor seine Geldbörse in seinem Haus und fand sie erst wieder, als das Haus 35 Jahre später abgerissen

wurde. Das Geld war noch darin (es hatte allerdings beträchtlich an Wert verloren).
Stefan aus Bro berichtet von einer alltäglicheren Situation:
«Zu Hause erledige ich oft Sachen, während ich gleichzeitig fernsehe. Natürlich nehme ich die Fernbedienung bei meinen verschiedenen Aufträgen mit. Wenn ich dann wieder fernsehen will, muss ich die Fernbedienung immer suchen. Meistens liegt sie in der Nähe des Kühlschranks. Aber einmal war die Fernbedienung ganze zwei Monate verschwunden! Glaubt mir, wir haben sie überall gesucht. Wir hatten schon die Hoffnung aufgegeben, sie jemals wieder zu finden, als eines Tages jemand die Küchentür zumachte, die sonst immer offen steht. Da fiel die Fernbedienung polternd zu Boden.
Meine Familie gab sofort mir die Schuld, aber ich kann mich beim besten Willen nicht erinnern, sie da hingelegt zu haben.»

Oft finden wir verlegte Sachen schnell wieder, so wie eine ehemalige Rocksängerin, die berichtete, dass sie in der Besteckschublade einen ganzen Laib Brot fand, den sie dort hineingestopft hatte; oder sogar im selben Moment, so wie der Mann, der sich bei dem Versuch ertappte, die Morgenzeitung in den Toaster zu stecken. Nach verlegten Sachen zu suchen macht keinen Spaß. Es kostet Zeit, Energie und sorgt für Stress. Aber der Prozess kann verkürzt werden. Wie sich gezeigt hat, verlegen wir Dinge in der Regel an typischen Orten und manchmal sogar mit einer gewissen Logik. Beispielsweise die Fernbedienung in den Kühlschrank. Die Logik dabei ist folgende: Werbeunterbrechung, schnell ein Butterbrot machen, Butter und Aufschnitt aus dem Kühlschrank nehmen, Brot schmieren, hören, dass die Werbung gleich vorbei ist, die Sachen rasch wieder in den Kühlschrank legen, zurück zum Fernseher gehen und feststellen, dass die Fernbedienung weg ist. Wo mag die wohl sein? Natürlich im Kühlschrank.

Wenn zum Beispiel das Portemonnaie die Frechheit besitzt zu verschwinden und man an diesem Tag Auto gefahren ist, ist es sehr wahrscheinlich, dass das Portemonnaie zwischen den Sitzen liegt. Ein Portemonnaie kann nicht von allein aus einer Tasche springen, und nur wenige von uns sind so zerstreut, dass sie ohne jeden Grund ihre Geldbörse aus der Tasche ziehen und auf die Erde fallen lassen. Vielleicht ist das Portemonnaie beim Jackeausziehen aus der Tasche gerutscht. Vermutlich war es so. In neun von zehn Fällen findet man heraus, wo man die Sachen verloren hat.

Checkliste mit zehn typischen Stellen, wo Dinge verloren gehen oder sich versteckt haben

1. Hinter oder unter einem Kissen auf dem Sofa oder im Sessel.
2. Unter soeben gelesenen Zeitungen.
3. Auf der Toilette.
4. Im Kühlschrank.
5. Unter dem Bett, unter dem Autositz, unter dem Esstisch.
6. In der Hose oder Jacke, die man am Vortag angehabt hat.
7. Im Bus (Auto, Zug), mit dem man neulich gefahren ist.
8. Im Café, im Restaurant.
9. Am Arbeitsplatz, im Kindergarten (als man sein Kind abgeholt hat).
10. Wo man es am wenigsten erwartet: an dem Platz, wo sie hingehören – beispielsweise im Schlüsselschrank, in den man immer seine Schlüssel zu hängen vergisst.

Ein Mann, der einen gebrauchten Mercedes kaufte, fand unter dem Sitz einen 18 Jahre alten Taschenkalender und eine Brieftasche mit Geld, Fotos und Führerschein. Er meldete seinen Fund der Polizei. Die Brieftasche gehörte dem Vorbesitzer des Autos. «Ach!», sagte der, als die Polizei ihn anrief. «Und ich dachte, ich hätte die Sachen im Wald verloren.»

TIPP
Gib die Hoffnung nicht auf. Verlorene Dinge befinden sich meistens ganz in der Nähe. Die Frage ist nur, wo.

Keine Regel ohne Ausnahme. Unterhosen können eine sein. Eine Frau berichtete, dass ihr Slip eines Tages auf dem Küchenfußboden des Nachbarn gefunden wurde. Und zwar von keiner Geringeren als der Nachbarsfrau. Das hätte böse enden können. Die Nachbarin konfrontierte sie mit dem Fund, und sie wurde knallrot im Gesicht. «Das ist überhaupt nicht so, wie es scheint!», sagte sie und erklärte, wie es passieren kann, dass schusselige Frauen ihre Slips in der Gegend verstreuen:
Manchmal zieht sie ihre Hose und den Slip zusammen aus, wenn sie schlafen geht. Am nächsten Tag zieht sie einen frischen Schlüpfer an, aber dieselbe Hose. In der steckt noch die Unterhose vom Tag zuvor, und die kann jederzeit rausfallen – beispielsweise in der Küche des Nachbarn. Zum Glück glaubte ihr die Nachbarsfrau die Geschichte.

Wie man sich eine Reise merkt

Es gibt Eselsbrücken, Checklisten und alle möglichen Tricks, die uns daran erinnern, was wir alles einpacken müssen, wenn wir verreisen. Aber für einen zerstreuten Menschen geht es manchmal um so elementare Dinge wie die, sich zu merken, dass man überhaupt verreisen will.

TIPP
Bitte jemanden, dich daran zu erinnern, dass du verreisen musst.

Ein Forscher auf dem Gebiet der Neurologie berichtete, wie er in seinem Hotel einchecken wollte, das er rechtzeitig vor einer Fachtagung gebucht hatte, und zu seiner Bestürzung erfuhr, dass kein Zimmer mehr frei war. Er regte sich sehr über die schlampige Organisation des Hotels auf, bis ihm auffiel, dass die Tagung erst einen Tag später stattfinden sollte – und für diesen Termin war ganz richtig ein Zimmer auf seinen Namen reserviert. Mit leicht gerötetem Kopf verließ er das Hotel, um sich woanders eine Unterkunft für die Nacht zu suchen.

TIPP
Als Zerstreuter sollte man sehr vorsichtig damit sein, anderen Personen mangelhafte Organisation vorzuwerfen.

Das üblichste Problem stellt allerdings das Gepäck dar. Alles, was auf dem Zugsitz, unter dem Flugzeugsessel, im Hotelbadezimmer vergessen werden kann. Wenn wir uns angewöhnen könnten, einen letzten Blick auf alle diese Plätze zu werfen, würde sich die Zahl zurückgelassener Dinge merklich verringern, zu unserem eigenen Vorteil und dem der armen Dienstleister, die sich um all das kümmern müssen, was wir vergessen.

«Denken Sie daran, Ihr Gepäck mitzunehmen, wenn Sie den Zug verlassen», bittet eine Lautsprecherdurchsage im Arlanda-Express zwischen dem Flughafen und Stockholm. Auf Schwedisch und auf Englisch.

Ist es nicht eigentlich mehr als selbstverständlich, dass wir unser Gepäck mitnehmen? Nein. Für uns Zerstreute ist nichts selbstverständlich. Über Einstein erzählt man sich, dass er sehr nervös wurde, als er bei einer Zugfahrt durch Deutschland seine Fahrkarte nicht finden konnte. Der Schaffner hatte den berühmten Reisenden erkannt und war bereit, ein Auge zuzudrücken.

«Lassen Sie nur, das ist schon in Ordnung, Herr Professor.»

«Ja, für Sie vielleicht. Aber wenn ich die Fahrkarte nicht finde, weiß ich nicht, wo ich aussteigen muss.»

Beim Reisen können wir in panische, verzweifelte Situationen geraten. Die meisten Zerstreuten haben am eigenen Leib erfahren, wie viel Tatkraft und Erfindungsreichtum Menschen unter extremem Stress aufbringen können.
Roger, damals ein zerstreuter Student der Universität Lund, bummelte einen Sommer lang per Interrail durch Europa. Er kam immer erst in allerletzter Minute, bevor der Zug abfuhr. Aber eines Tages, als er aus dem glutheißen Barcelona abreisen wollte, checkte er ausnahmsweise sehr rechtzeitig aus dem Hotel aus und erreichte den Bahnhof eine volle Stunde vor Abfahrt des Zuges. Er war sehr mit sich zufrieden und vertrieb sich die Zeit, indem er mit einer unbekannten Frau plauderte, die auf denselben Zug wartete. Nach 40 Minuten entspannter Konversation erstarrte er mitten in einem Satz. «Meine Jacke!?» Mit gehetztem Blick drückte er der Frau seinen Rucksack in die Arme und raste zurück zum Hotel. Da hing sie, im Kleiderschrank, den man so oft zu kontrollieren vergisst, bevor man sein Hotelzimmer verlässt. Aber würde er es schaffen, den Zug noch rechtzeitig zu erreichen?
Die Frau war völlig verdutzt über den jungen Mann, der erst so gelassen und sympathisch gewirkt hatte und dann Hals über Kopf mit irrem Blick davongestürzt war. Er hatte ihr zugerufen, sie solle den Rucksack aus dem Zug auf den Bahnsteig werfen, falls er nicht rechtzeitig zurückkäme.
Sie stand auf den Trittstufen des letzten Waggons, bereit, den Rucksack von sich zu werfen, als sie ihn kommen sah. Triefend vor Schweiß sprang er in den Waggon.
«Vielen Dank für die Hilfe», keuchte er. Eine Sekunde später setzte sich der Zug in Bewegung.
Das ist eine Situation, wie sie typisch für Zerstreute ist: Gelassenheit, das Gefühl, alles unter Kontrolle zu haben, die brutale Erkenntnis, dass eine wichtige Kleinigkeit schief gegangen ist, der extreme Stress, die Lösung, die große Müdigkeit.

Es gilt, persönliche Tricks zu entwickeln, die all die Kleinigkeiten entschärfen, die uns ein Bein stellen wollen. Checklisten verlieren wir, Gedächtnishilfen vergessen wir.

Wenn ich auf Reisen bin, verteile ich alle meine Sachen auf dem Fußboden und hake ein Teil nach dem anderen ab, bevor ich es in den Koffer packe. Auf die Weise vergesse ich nichts.
Sven, Södertälje

Wir nehmen immer viel zu viele Dinge mit auf Reisen. Wenn wir weniger dabeihätten, könnten wir auch weniger verlieren. Eigentlich sind nur ganz wenige Sachen wirklich wichtig. Erfahrene Zerstreute sprechen poetisch von den drei P: **P**ortemonnaie, **P**ass, **P**apier (also die Fahrkarte). Frauen möchten vielleicht die Pille als viertes P hinzufügen: **PPPP**.
Das ist eine vorbildlich einfache Eselsbrücke, aber jüngere Zerstreute werden einwenden, dass sie inzwischen überholt ist. Denn es fehlt ein wichtiger Buchstabe: M wie Mobiltelefon. Wer reist schon ohne sein Handy ins Ausland?
Außerdem hat der Pass für viele Reiseziele bald ausgedient (kein P innerhalb der EU), das Ende der Papiertickets ist auch in Sicht (noch ein P), die Pille wird durch andere Verhütungsmittel ersetzt (wahlfreies P), und nicht das Portemonnaie ist wirklich wichtig, sondern die Ausweis- und Kreditkarten darin.
Damit haben sich die vier P zu **KIM** weiterentwickelt (Kreditkarte, Identitätsnachweis, Mobiltelefon). In Zukunft könnte davon nur ein schlichtes **M** übrig bleiben – wenn der Fingerabdruck zum Identitätsnachweis und zur Kreditkarte wird. In dieser Hinsicht scheint die Welt einfacher für uns Zerstreute zu werden.

Wie man es in der Hand statt im Kopf hat

Ein alter, ehrwürdiger Merktrick ist, sich etwas auf die Hand zu schreiben. Hier gibt es alle möglichen Varianten. Angefangen bei denen, die ganz ungeniert mit Kugelschreiber in großer Schrift Finger und Handflächen bekritzeln, bis hin zu denen, die ganz klitzeklein schreiben. Die Hand hat gegenüber dem Papier unter anderem den Vorteil, dass man sie nicht sofort wieder verliert.

Was ich mir unbedingt merken muss, schreibe ich mir in die Hand. Ganz klein, zwischen Daumen und Zeigefinger, damit es nicht auffällt. Ich will nicht mit meiner Zerstreutheit prahlen.

Desirée, Vannäs

Ein anderer, ebenso diskreter Trick, der jedoch Platz für viel mehr Worte bietet, ist das Schreiben auf dem Arm. Oder, wenn man keinen Hehl aus seiner Zerstreutheit machen will, direkt auf den Handrücken.

Abendunterhaltung für Zerstreute

Setz dich mit deiner Familie oder Freunden in der Stube zusammen und veranstalte einen Wettbewerb, wer von euch die meisten Sachen verlegt oder vergisst.

1. Portemonnaie
2. Handy
3. Uhr
4. Schlüssel
5. Lunchbox (oder anderes, das zur Arbeit mitgenommen werden muss)
6. Zahnbürste – auf Reisen
7. volle Einkaufstüten (Supermarkt oder Kaufhaus)
8. wo das Auto geparkt ist
9. verabredete Termine
10. Geburtstage
11. Namen
12. Geheimzahlen, Passwörter, Telefonnummern
13. Papiere und Papiere und Papiere
14. Mützen, Handschuhe, Halstücher
15. Fernbedienung für den Fernseher
16. Waschzeiten

FINDE FÜNF ANZEICHEN FÜR ZERSTREUTHEIT

Die Antwort findest du auf dem Kopf stehend auf Seite 156.

Illustration: Daniel Egnéus

Ein wenig Zerstreutheit und eine Menge Nachdenken haben eine der größten Touristenattraktionen der Welt geschaffen.

Wenn Falsches richtig ist

Historische Anekdoten und Beispiele

Wenn alles perfekt nach Plan verläuft, macht die Menschheit nur selten neue Entdeckungen. Hier können wir Zerstreuten einen großen Beitrag leisten. Was unsere Welt prägt, sind irrationale Abweichungen von Strukturen und Plänen und dass wir gezwungen sind, ständig in neuen Bahnen zu denken, um die Probleme zu lösen, die wir uns selbst (und anderen) schaffen. Dies, kombiniert mit unserer Vorliebe für Problemlösungen (unsere vergessenen und verbummelten Dinge sind die Spuren unserer Irrwege), bewirkt, dass wir zu ganz unerwarteten Lösungen kommen können. In unseren Händen kann aus Falschem Richtiges werden. Dafür gibt es mehrere weltberühmte Beispiele.

Wie der Schiefe Turm von Pisa. Der sollte natürlich gerade stehen, aber Bonnano Pisano, der im 12. Jahrhundert mit dem Bau des Turmes begann und den viele eher für einen Bildhauer als für einen Architekten hielten, war so darauf fixiert, etwas Schönes zu erschaffen, dass er vergaß, die Besonderheiten des Bodens, auf dem das Bauwerk stehen sollte, bei der Planung zu berücksichtigen. Denn der Untergrund bestand aus Lehm, und als das dritte Stockwerk fertig war, begann der Turm sich zu neigen. Die meisten normal beschränkten Projektleiter und Ingenieure hätten die Bauarbeiten abgebrochen und nochmal von vorn angefangen. Aber Pisano meinte, man solle versuchen, der Neigung dadurch entgegenzuwirken, dass man das nächste Stockwerk an der Seite, zu der sich der Turm neigte, etwas höher baute. Gesagt, getan. Doch der Turm neigte sich daraufhin noch mehr. Die Bauarbeiten wurden eingestellt. Als man sie 100 Jahre später wieder aufnahm, wurde die Position von zwei Stockwerken etwas verschoben, um den Schwerpunkt

der Konstruktion zu verlagern. Das half wenig. Trotz aller Bemühungen setzte sich die Neigung des Turms um gut 1 mm pro Jahr fort, sodass sie heute zirka 5 Grad beträgt.
Ergebnis nach 800 Jahren Anstrengung, den Turm in die Senkrechte zu bringen: Ein wenig Zerstreutheit und eine Menge Nachdenken haben eine der größten Touristenattraktionen der Welt geschaffen.
Ein anderes bekanntes Beispiel ist Aschenputtels gläserner Schuh. Aschenputtel durfte nicht mit ihren Stiefschwestern auf den Ball des Prinzen gehen, aber eine Fee kam ihr zu Hilfe und verwandelte ihre zerrissenen Lumpen in ein prächtig schimmerndes Ballkleid. Der Zauber währte nur bis Mitternacht. Als er zerplatzte, hastete Aschenputtel aus dem Schloss und verlor einen Schuh, wodurch der Prinz sie ausfindig machen konnte.
Man vermutet, dass das Märchen vor rund 400 Jahren aus China nach Europa gekommen ist. In den ursprünglichen Versionen waren Aschenputtels Schuhe aus Fell, doch bei der französischen Übersetzung, die bis in unsere Zeit überlebt hat, dachte der Übersetzer an etwas anderes, als er zu den Schuhen kam. Er schrieb, sie seien aus *verre* (Glas) statt aus *vair* (eine Pelzart), was beides gleich ausgesprochen wird. Was ihn abgelenkt hat, wissen wir nicht, aber dieser kleine Schnitzer hat dem Märchen das Besondere verliehen, das es so berühmt gemacht hat.
Die französische Stadt Roquefort verdankt der Zerstreutheit ihren Ruhm. Es heißt, dass der Blauschimmelkäse, der den Namen der Stadt trägt, vor langer, langer Zeit von einem Schafhirten entdeckt wurde, der seinen Proviantsack vergessen hatte. Er machte vor einer Grotte Rast, um einen Bissen Brot mit Frischkäse zu essen, als seine Liebste vorbeikam und ihn auf andere Gedanken brachte. Mehrere Monate später ging er wieder an derselben Grotte vorbei. Er war sehr hungrig, und da fiel ihm sein dort vergessener Proviant ein. Das Brot war steinhart

und der Käse mit blauen Stellen durchsetzt. Aber er aß ihn frohen Mutes und entdeckte, dass der Käse die reinste Delikatesse war.

Viele von uns Zerstreuten haben haufenweise altes Zeug in der Garage, auf der Fensterbank oder in irgendeinem Schrank. Da sind kaputte Spielsachen, Räder vom Kinderwagen, Autoteile, eine rostige Fahrradpumpe und anderes, was man noch gebrauchen kann, wie wir glauben, während ein Ordnungsliebender den ganzen Krempel sofort wegwerfen würde. Harry Brearley war ein Mann, der gerne alles Mögliche aufhob. Er war Metallurg. Anfang des 20. Jahrhunderts verschmolz er Eisen mit verschiedenen Metallen, um ein widerstandsfähiges Material für Kanonenrohre zu entwickeln. Es funktionierte nicht recht. Metallreste aus dem Experiment landeten auf einem Haufen und wurden vergessen, während er sich an sein nächstes Projekt machte. Monate später, als er an seinem Schrotthaufen vorbeiging, bemerkte er, dass alle Legierungen Rost angesetzt hatten, bis auf eine. Sofort begann er zu grübeln: Warum? Er hatte vergessen, was für eine Mischung es war, deshalb zog er das Metallstück aus dem Schrotthaufen und machte eine Analyse. Es war Eisen vermischt mit Chrom. Nach einigen Versuchen wusste er, dass er eine Legierung gefunden hatte, die nicht korrodierte: rostfreien Stahl.

Was schließen wir daraus? Manchmal kommt etwas richtig Gutes aus einem Haufen Schrott.

Natürlich gibt es viele, sogar sehr viele Beispiele dafür, dass Falsches falsch bleibt, wenn man es nicht verbessert, und auch einige Beispiele für Haufen von Schrott, die die Welt keinen Deut glücklicher gemacht haben – aber das ist nicht das Thema dieses Buches.

Manchmal kann die Tat eines Zerstreuten just in dem Moment grundfalsch sein, aber im Nachhinein, im Licht der Historie, doch zu etwas Richtigem werden. Wie im Fall des Schiffskapi-

täns, der ganz in Gedanken eine Tulpenzwiebel verspeiste, die zu der Zeit 3000 holländische Gulden kostete, was einem Gegenwert von 100 Schweinen entsprach. Es passierte im 17. Jahrhundert in Holland. Die Tulpe war gerade erst entdeckt worden, und die Nachfrage nach dieser schönen Blume jagte die Preise in schwindelnde Höhen, was dazu führte, dass sie zu einem Investitionsobjekt und zum Statussymbol der Reichen wurde. Tausende Menschen kehrten ihrem traditionellen Gewerbe den Rücken und begannen, mit Tulpen zu handeln. Viele investierten ihre gesamten Ersparnisse in die Tulpenindustrie (hört sich bekannt an, nicht?). Dies war also die Situation, als ein Schiffskapitän, der kürzlich den Hafen angelaufen hatte, bei einem Kaufmann und Tulpensammler zum Frühstück eingeladen war. Das fand im Kontor des Kaufmannes statt, in dem eine ziemliche Unordnung herrschte. Auf einem Tisch in der Nähe der Frühstückstafel lag eine Zwiebel, und auch die verputzte der Kapitän ohne langes Nachdenken. Später, während des Polizeiverhörs, Stunden bevor er ins Gefängnis geworfen wurde, sagte er aus, er habe geglaubt, die Zwiebel gehöre zum Frühstück, und nicht im Traum damit gerechnet, dass diese kleine Knolle ein so wertvolles Sammlerobjekt sein könne.
Es dauerte nicht lange, bis die Hysterie um die Tulpen sich in nichts auflöste. Tulpenzwiebeln, die bis dahin ihr Gewicht in Gold wert gewesen waren, wurden völlig wertlos. Viele Menschen waren ruiniert, unzählige wurden arbeitslos. Holland brauchte mehrere Jahre, um sich von dem Tulpen-Crash zu erholen.
Die Geschichte hat dem Kapitän Recht gegeben. Eine Tulpenzwiebel ist kein Vermögen wert. Sie kostet kaum mehr als eine Gemüsezwiebel, aber die meisten ziehen es dennoch vor, die Tulpenzwiebel in die Erde zu pflanzen, anstatt sie zu verspeisen. Obwohl, wenn man Hunger hat und mit den Gedanken woanders ist …

Ein anderer Aspekt ist das absichtliche Ablenken als Taktik. Das wird in den alltäglichsten Situationen ausgenutzt, wie zum Beispiel, um Kinder von den Süßigkeiten abzulenken, die sie gerade entdeckt haben und sich um jeden Preis erquengeln wollen. Von den Erwachsenen wird das in großen wie in kleinen Zusammenhängen ausgenutzt. Ein Beispiel für eine groß angelegte Ablenkung war die Vorbereitung des D-Days im Zweiten Weltkrieg, als die Alliierten an der Küste Frankreichs landeten. Man richtete eine vorgetäuschte Kommandantur mit eigenem, lebhaftem Funkverkehr ein und ergriff noch eine Reihe anderer Maßnahmen, damit die Deutschen glauben sollten, die Invasion werde bei Pas de Calais stattfinden, ein gutes Stück vom tatsächlichen Landeplatz in der Normandie entfernt. Der deutsche Nachrichtendienst konnte nun nach Berlin melden, was die deutschen Militärstrategen ohnehin schon vorausgesehen haben wollten. Die Alliierten beabsichtigten, den kürzesten Weg über den Ärmelkanal zu nehmen. Das Ablenkungsmanöver klappte, und die Landung in der Normandie war die große Überraschung. Bevor die Deutschen umplanen konnten, hatten die Alliierten schon auf dem europäischen Kontinent Fuß gefasst.

Eine andere Ursache, die dazu beitrug, dass die Deutschen den Krieg verloren, und die in diesem Zusammenhang relevant ist, war, dass die Nazis mit ihrem absurden Ordnungssinn eine Menge Zerstreuter dazu gebracht hatten, aus Deutschland zu fliehen. Darunter Einstein, der seinen Teil dazu beitrug, dass es die Alliierten und nicht die Nazis waren, die als Erste die Atombombe bauten.

Und die Schlussfolgerung? Es ist falsch, Zerstreute in die Flucht zu schlagen, aber in diesem Fall kam am Ende doch noch das Richtige dabei heraus. So kann es gehen, wenn Zerstreute beteiligt sind. Was falsch ist, kann richtig werden, gerade weil es falsch war.

Weitere Erfahrungsberichte ...

Es nimmt kein Ende mit all den zerstreuten Handlungen, die täglich begangen werden.

Der Geldautomat sagte nein

Ich kann schon gar nicht mehr zählen, wie oft der Geldautomat meine Karte mit dem lakonischen Kommentar «Keine Auszahlung möglich» wieder ausgespuckt hat. Da stehe ich dann und bin ganz sicher, dass auf meinem Konto genug Geld ist. Bis mir klar wird: Ich habe schon wieder meinen Firmenausweis in den Schlitz gesteckt. Verlegen schiele ich auf die Warteschlange hinter mir und hoffe, dass keiner meinen peinlichen Fehler bemerkt hat.

Anders, Stockholm

Einmal Studiendarlehen und zurück

Muss mein Studiendarlehen beantragen! Schicke meinen Antrag an CSN, wie üblich in letzter Minute.
Stecke die Antragsformulare in einen vorfrankierten Umschlag von CSN und laufe zum Briefkasten. Schon am nächsten Tag bekomme ich einen Brief von CSN! Kann das angehen, so schnell? Nein. Es ist mein eigener Antrag. Auf dem Briefumschlag, in den ich die Unterlagen gesteckt hatte, stand als Empfänger meine eigene Adresse.

Max, Stockholm

Ulla muss tanken

Wollte tanken fahren. Ich wohne auf dem Land, die nächste Tankstelle ist zehn Kilometer entfernt. Dort angekommen, gehe ich in den Shop und kaufe ein, wo ich doch schon mal da bin. Auf dem Heimweg geht mir das Benzin aus.

Ulla, Kalv

Wie heißt du noch gleich?

Manchmal, wenn ich mit Bekannten telefoniere, vergesse ich während des Gesprächs, mit wem ich eigentlich rede. Ihr könnt euch sicher vorstellen, dass diese Telefonate alles andere als tief schürfend sind.

Pia, Kungsängen

Golfer mit Fahne

Im Herbst war ich das erste Mal auf einem Golfplatz, zusammen mit meinem Sohn und meinem Neffen. Meine Aufgabe war, Taschen zu tragen, Eisen zu trocknen, den Bunker glatt zu harken, aber vor allem, die Green-Fahne zu halten, wenn die beiden einlochten. Bei Loch 5 zog ich die Fahne heraus und legte sie neben das Green. Als die Jungs fertig waren, gingen sie zum Abschlag für Loch 6. Ich hinterher. Nicht weit davon war ein anderer Abschlagplatz. Da stand ein Pärchen und wollte abschlagen, aber plötzlich hielten sie inne und starrten verwundert auf mich und die Jungs. Wieso starrten die so? Plötzlich ging mir auf: Ich stand auf dem Abschlagplatz mit der Fahne von Loch 5 in der Hand – eine Todsünde beim Golf.

Christer, Malmö

Einbruch ins eigene Haus

Mein Talent, die Hausschlüssel zu verbummeln, hat aus mir einen geschickten Einbrecher gemacht (Kann man das so nennen, wenn man bei sich selbst einbricht?). Die meisten Nachbarn haben sich Hochsicherheitsschlösser besorgt – nachdem sie gesehen haben, wie leicht ich in mein eigenes Haus einsteigen kann. Eigentlich kann man sagen, dass meine Zerstreutheit unserem Wohnviertel einen guten Dienst erwiesen hat.

Åke, Vallda

Umzug in eine kleinere Stadt

Ich habe immer einen schlechten Orientierungssinn gehabt, was in meinem Leben schon für eine Menge Stress gesorgt hat. Nachdem ich in eine halb so große Stadt gezogen war, dachte ich, jetzt würde ich mich leichter zurechtfinden. Aber ich verlaufe mich trotzdem.

Lynn, Örnsköldsvik

Das fand Papa gar nicht lustig

Es war ein klirrend kalter Winterabend und stockdunkel, als wir durch Nordschweden Richtung Finnland fuhren. Wir merkten, dass wir uns erleichtern mussten, und hielten auf einem Rastplatz. Blitzschnell schlugen wir uns alle vier in die Büsche, wir wollten uns ja nicht zu Tode frieren. Keine Minute später sprangen wir wieder ins Auto und fuhren weiter. Nach ein paar Kilometern wunderte sich unsere Mutter, wo Papa abgeblieben war.

«O Gott!», riefen Mama, meine Schwester und ich wie aus einem Mund. Wir hatten Papa auf dem Rastplatz vergessen. Wir kehrten um und sammelten ihn ein. Es dauerte eine Stunde, bis er wieder aufgetaut war.

Kauko, Eskilstuna

Hier ich, wer da?

Ich wollte meine Freundin anrufen. Wählte ihre Nummer auf dem Bürotelefon. Im selben Moment klingelt mein Handy. Ich melde mich: «Hallo? Hallo?» Keine Antwort. Da merkte ich, dass ich mich selbst angerufen hatte.

Henrik, Sundsvall

Ein unvergessliches Weihnachtsfest

Einmal zu Weihnachten, als ich zu meinem Vater fahren wollte, ist mir ein Klassiker passiert. Ich war wie üblich in Hektik und hatte alle Hände voll, als ich das Auto aufschließen wollte, also legte ich ein paar der Sachen auf dem Autodach ab. Zerstreut, wie ich bin, habe ich sie natürlich da oben vergessen, weshalb mein Bruder und mein Vater an diesem Heiligabend keine Geschenke bekamen. Inzwischen sind schon ein paar Jahre vergangen, aber sie reden immer noch von dem Weihnachtsfest, an dem sie leer ausgingen. Ich habe übrigens auch schon Brause und Bier auf dem Autodach vergessen.

Mattias, Göteborg

Dienstwagen auf Abwegen

Über Emilia gibt es viel zu erzählen. Besonders denkwürdig ist, wie sie einmal den Dienstwagen parkte und in einen Laden ging. Als sie wieder herauskam, stand das Auto nicht mehr an seinem Platz. Es war weitergerollt und gegen einen Pfosten geprallt, der umfiel und sich über den Kühler eines nagelneuen Mercedes legte. Emilia hatte vergessen, die Handbremse anzuziehen. Das ist nur eine von unzähligen Geschichten, die es über diese Dame zu berichten gibt.

Johanna, Karlstad

Das Auto der Freunde gerammt

Vor einiger Zeit kamen gute Freunde zu Besuch. Sie parkten ihr schönes Auto schräg hinter unserem in der Garagenauffahrt. Wir sitzen also bei Kaffee und Kuchen, da ruft plötzlich eines unserer Kinder an und will auf der Stelle vom Training abgeholt werden (das hatte ich natürlich völlig verschwitzt).

Mein Freund fragt, ob er sein Auto ein Stück zurücksetzen soll. Ich schaue aus dem Fenster und sage, das ist sicher nicht nötig. Ich muss höchstens das Lenkrad ein bisschen schärfer einschlagen.

Ich ziehe mich also an und gehe nach draußen. Gehe an ihrem Auto vorbei, merke mir, dass ich seitwärts an ihm vorbeimuss, steige in meinen Wagen und stelle fest, dass ich den Autoschlüssel vergessen habe. Gehe ins Haus und hole ihn. Setze mich wieder ans Steuer, starte den Motor, lege den Rückwärtsgang ein und gebe Gas, und was passiert? Richtig, ich krache geradewegs in das Auto unserer Freunde, das ich in dem Moment (nach ca. zehn Sekunden) völlig vergessen hatte!

Karl-Olov, Domsjö

Wer suchet, der findet

Suchte neulich im Pausenraum unserer Firma vor den Augen meiner Kollegen verzweifelt nach meinem schnurlosen Telefon. Dabei hatte ich es die ganze Zeit in der Hand …

Claes, Göteborg

Vorsicht, wachsamer Hund

In der Gegend, wo unsere Ferienhütte steht, hatte es mehrere Einbrüche gegeben, deshalb waren wir ein bisschen besorgt, als wir das Haus im Spätsommer für ein paar Wochen unbeaufsichtigt lassen mussten. Unser nächster Nachbar gab uns einen Tipp: Legt eine Hundeleine gut sichtbar direkt hinter den Zaun. Das schreckt ab.

Gesagt, getan. Wir liehen uns eine Leine mit einem Halsband, dessen Durchmesser deutlich signalisierte, dass es weiß Gott keinem kleinen Schoßhündchen gehörte. Sehr zufrieden über unsere schlaue Idee fuhren wir nach Hause in die Stadt.

Erst mehrere Wochen später kamen wir zurück. Inzwischen hatten wir unseren Trick längst vergessen – und zwar so gründlich, dass wir hell erschraken, als wir die Zufahrt hinauffuhren: Wieso liegt da eine riesige Hundeleine auf der Erde? Wir bekamen es mit der Angst zu tun, dass vielleicht Hunde in unserer Ferienhütte waren, dass ein großer – vielleicht gefährlicher – Köter auf dem Grundstück frei herumlief. Während wir noch dastanden und uns ängstigten, kam unser Nachbar auf seinem Abendspaziergang vorbei. Zum Glück war er nicht so vergesslich wie wir.

Lena, Malmö

Völlig verfahren

Ich war auf dem Weg von Idre nach Hudiksvall, als ich hinter einen Jeep Cherokee geriet. Ich hatte schon öfter mit dem Gedanken gespielt, mir auch so einen zu kaufen. Plötzlich bemerkte ich, dass ich dem Cherokee ganz unbewusst immer weiter gefolgt war und mich völlig verfahren hatte. Ich las die Wegweiser, hatte aber keine Ahnung, wo ich war. Also musste ich anhalten und auf die Straßenkarte sehen. Ich steckte tief im Härjedalen, irgendwo auf der Strecke nach Sveg, und war gezwungen, auf kleinen Nebenstraßen über das Gebirge zu fahren, um nach Hause zu kommen. Es wurde eine lange Fahrt. Unterwegs herrschte Schneetreiben, und ich musste das Letzte aus meinem kleinen Ford Escort herausholen, um nicht in den Schneeverwehungen stecken zu bleiben.

John, Hindås

Der Ordnung verdächtigt

Für mich gibt es nur eine Möglichkeit, mir zu merken, was ich erledigen muss und welche Termine ich einzuhalten habe, und das ist ein ständiger Abgleich der Terminkalender im PC und auf dem Handy. Andererseits wird man dann für jemanden gehalten, der immer alle Termine im Griff hat.

Klas Göran, Linköping

Als Zerstreuter geboren zu werden ist so, als wenn man sehr groß gewachsen ist – das kann einem zwar eine Menge Beulen aufgrund niedriger Türrahmen einbringen, ist im Konzert aber von Vorteil.
Sven-Erik Fernaeus, Neuropsychologe

ABSENT-MINDED HAIR STYLES 300 years of examples
ABSENT-MINDED
HAIR STYLES
300 years of examples

Zerstreutheit und ihre Nachbarn

Zuallererst müssen wir uns im Klaren darüber sein, dass die alltägliche Zerstreutheit, von der dieses Buch handelt und der sich viele von uns erfreuen, in keiner Hinsicht eine Krankheit ist. Sicher, wir tun merkwürdige Dinge, geraten in absurde Situationen und vergessen das eine oder andere. Aber das hat nichts mit Krankheit zu tun. Im Gegenteil. Diese Zerstreutheit ist etwas, worauf man stolz sein kann. Alles andere ist üble Nachrede.

Wie sagte doch eine Koryphäe auf dem Gebiet des Gehirns und seiner Krankheiten, der emeritierte Professor für klinische Neurophysiologie Lennart Widén: «Zerstreutheit. Eine sehr gute Sache. Sie ist die Fähigkeit, sich abzuschirmen und auf die innere Wirklichkeit zu konzentrieren.»

Und zwar in einem Maße, könnte man hinzufügen, dass wir manchmal die äußere Wirklichkeit vergessen.

Aber wie kann ich sicher sein, dass es sich bei mir um die gutartige Zerstreutheit handelt? Das ist eine Frage, die sich viele stellen, besonders diejenigen, die älter werden und merken, dass das Gedächtnis nachlässt, aber auch jüngere, im Berufsleben stehende Menschen, die plötzlich dieses und jenes vergessen.

Versuche herauszufinden, welcher Art deine Zerstreutheit ist.

1. Du bist von Natur aus zerstreut.
2. Du bist ein Karrieremensch oder Vater/Mutter kleiner Kinder und musst extrem viel gleichzeitig erledigen. Du hast dich scheiden lassen, oder ein guter Freund ist gestorben. Oder du bist völlig erschöpft.
3. Du bist nicht mehr blutjung.
4. Im schlimmsten und unwahrscheinlichsten Fall: Du könntest krank sein oder im Begriff, es zu werden.

1. Beginnen wir mit der naturgegebenen Zerstreutheit. Was ist das? Und wie weiß ich, dass meine Zerstreutheit natürlicher Art ist?
Ein heißer Tipp ist, sich seine nächsten Verwandten einmal genauer anzusehen. Vermutlich entdeckt man dabei, dass mehrere von ihnen ebenso zerstreut sind wie man selbst. Dann weißt man, dass es in den Genen sitzt. Es deutet nämlich sehr viel darauf hin, dass Zerstreutheit erblich ist. Man sollte zu seinem Großvater gehen, oder wer sie einem sonst vererbt hat, und ihm dafür danken.
Julia Marshall, eine Mitbegründerin des Reichsbundes der Zerstreuten, hat rotes krauses Haar, das ihr wild vom Kopf absteht, und lebhafte, energische Augen. Ihre Eltern und Geschwister sehen genauso aus, und alle sind zerstreut. Es ist ein Erlebnis, sie alle versammelt zu sehen, einer wie der andere mit wild abstehenden Haaren und temperamentvollen Augen, und zu wissen, dass jederzeit alles Mögliche passieren kann.
Auf angeborene Zerstreutheit lässt sich auch daraus schließen, dass mehrere der Leute, die ihre Mitgliedschaft im Reichsbund der Zerstreuten beantragt haben, sich nach einem Familienrabatt erkundigten.
Lars Olson, Professor für Neurologie, hält es nicht für unmöglich, dass die Wissenschaft früher oder später spezielle Zerstreutheitsgene identifiziert. Vielleicht gibt man eines Tages eine Blutprobe ab und bekommt das eindeutige Ergebnis: angeborene Zerstreutheit.
Um herauszufinden, ob die eigene Zerstreutheit Veranlagung ist, kann man auch Bekannte fragen, ob sie in der letzten Zeit eine Veränderung an einem bemerkt haben. Bei angeborener Zerstreutheit zeigt sich dieses Wesensmerkmal von frühester Kindheit an und das ganze Leben hindurch. Ich selbst habe mir sagen lassen, dass ich schon als Zehnjähriger einen Club für Zerstreute gründen wollte. Alle, die mich damals kannten, hat-

ten vollstes Verständnis dafür, dass ausgerechnet ich auf diese Idee kam. Bei dieser Lebensgeschichte macht es mir überhaupt keine Sorgen, dass ich heute noch zerstreut bin.

Der Neuropsychologe Sven-Erik Fernaeus hält natürliche Zerstreutheit für ein angeborenes Persönlichkeitsmerkmal, das man lieben lernen kann, falls man es nicht ohnehin schon tut. «Als Zerstreuter geboren zu werden ist so, als wenn man sehr groß gewachsen ist – das kann einem zwar eine Menge Beulen aufgrund niedriger Türrahmen einbringen, ist im Konzert aber von Vorteil.»

Er beschreibt Zerstreutsein als «eine Fähigkeit, sich über lange Zeit in höchstem Maße auf das Allerwichtigste zu konzentrieren. Gleichzeitig sind Zerstreute oft spontan und impulsiv und tendieren dazu, sich um alles Mögliche kümmern zu wollen, was dazu führen kann, dass sie enorm abgelenkt sind.»

Das gute Konzentrationsvermögen der Zerstreuten passt ausgezeichnet zu verschiedenen Berufen.

Es gibt zwar keine wissenschaftliche Untersuchung darüber, aber es scheint so zu sein, dass Eishockey-Torwarte, die während des Spiels extrem konzentriert sein müssen, außerhalb der Eisfläche oft zerstreut sind. Die Fähigkeit, alles auszublenden, was nichts mit dem blitzschnellen Spiel zu tun hat, um reflexartig reagieren zu können, ist von Vorteil, wenn der Puck mit 200 km/h angerast kommt. Rundfunkjournalisten sind offenbar ebenfalls zerstreuter als der Durchschnitt. Ein ganzer Radiosender bat um kollektive Aufnahme in den Reichsbund der Zerstreuten. Das klingt vielleicht paradox, wenn man bedenkt, dass ein Rundfunkmoderator sich heutzutage um die Technik, die Musik, die Moderation kümmern muss – alles zur gleichen Zeit. Ein Moderator bei einem staatlichen Rundfunksender wurde von seinen Kollegen als hoffnungslos zerstreut außerhalb des Studios, aber messerscharf denkend während der Sendung beschrieben.

Eine andere Berufsgruppe, die man für gewöhnlich mit Begriffen wie Ordnung und Genauigkeit verbindet und die überraschend großes Interesse am Reichsbund der Zerstreuten gezeigt hat, sind Buchhalter. Was beweist, dass Zerstreutheit überall zu finden ist.

Der Gipfel meiner Zerstreutheit am Schreibtisch ist, wenn ich den Telefonhörer abnehme und die Telefonnummer in die Rechenmaschine eintippe.

Jan, Buchhalter aus Stockholm

Stereotype für Zerstreutheit sind Erfinder, Wissenschaftler, Professoren. Allem Anschein nach stimmt dieses Klischee relativ gut mit der Wirklichkeit überein. Eine interessante Frage dabei ist, ob sie zerstreut sind, weil ihre Arbeit sie dazu zwingt, intensiv über Probleme nachzudenken, oder ob sie sich diese Berufe ausgesucht haben, weil sie von Natur aus zerstreut sind. Die Erkenntnis der genetischen Veranlagung und andere Studien deuten darauf hin, dass viele Menschen sich einen problemlösenden Beruf suchen, weil sie von Natur aus zerstreut sind. Es ist sogar so, dass Zerstreutheit in Forscher- und Erfinderkreisen als Auszeichnung gilt und als Lebensform akzeptiert ist. Wer in diesem Umfeld Karriere machen will, kann sich Vorteile verschaffen, indem er in seinem Lebenslauf auf seine Zerstreutheit hinweist, da sie auf die richtige Art von Konzentrationsvermögen und auf gute Voraussetzungen hindeutet, sich in die Arbeitsgruppen einzufügen.
Ein Juraprofessor an der Universität Stockholm schockierte neue Studenten gern dadurch, dass er manchmal mit dem Schlips um den Hals statt um den Hemdkragen in den Unterricht kam. Aber die Vorlesungen, die er hielt, waren brillant. Seine Kollegen zuckten die Achseln: «Was ist wichtiger? Der Schlips oder die Qualität der Vorlesung?»

Der Professor besaß die natürliche Art von Zerstreutheit, die ein Zeichen von Konzentration auf das Wesentliche ist und die uns ein Leben lang begleitet.

2. Eine andere Form von Zerstreutheit ist jene, die eines Tages ganz plötzlich in unser Leben tritt. Das kann auch Menschen passieren, die früher nie zerstreut waren.
Stellen wir uns einen Mann vor, der mit dem Ordnungsgen geboren wurde statt mit dem Zerstreutheitsgen. Schon als kleines Kind wurde er gelobt: «Was für ein ordentlicher kleiner Junge!» Und als Erwachsener: stets blank geputzte Schuhe, frisch gebügelte Hemden, immer pünktlich, blitzsauberer Schreibtisch und ordentlich gekämmte Haare. Eines Tages vergisst er, die Butterdose in den Kühlschrank zu stellen. Es jagt ihm kalte Schauer über den Rücken, als er von der Arbeit nach Hause kommt und die Butter halb geschmolzen auf dem Tisch stehen sieht. Das ist das erste Anzeichen. Er hatte einen Waschtermin. Den hat er auch vergessen. Das ist ihm noch nie passiert. Und wenn er genauer darüber nachdenkt: In der letzten Zeit ist es ihm zunehmend schwerer gefallen, sich Namen und Telefonnummern zu merken.
Es gibt Menschen, die rufen das Krankenhaus an und wollen sich auf Demenz untersuchen lassen, wenn sie derartige Erinnerungslücken bei sich feststellen. Ist unser Pedant im Begriff, senil zu werden? Ist das eine Untersuchung wert? Nein, wahrscheinlich nicht. Wenn ein Flugzeug in der Luft nach unten durchsackt, heißt das noch nicht, dass ein Motor ausgefallen ist. Die Ursache ist meistens ein Luftloch. Das Gleiche gilt, wenn uns das Gedächtnis im Stich lässt. Der Doktor sagt:

- Das kann am Stress liegen.
  Er erledigt zu viele Dinge gleichzeitig.
- Er schläft zu wenig. Er ist müde.

- Er ist deprimiert. Sein Hund ist gestorben.
- Er ist faul. Er bewegt sich zu wenig. Dämmert auf dem Sofa vor dem Fernseher dahin. Wird langsam dick.
- Er ernährt sich von Fastfood. Zu viel Fett. Er raucht.
- Sein Leben ist langweilig. Die Arbeit nur noch Routine. In der Freizeit ist er einsam.

Kein Wunder, dass er die Butter vergisst! Es reicht schon einer der obigen Punkte, damit sein Gedächtnis (und anderes) versagt.

Man verbessert sein Erinnerungsvermögen, indem man entgegengesetzt lebt. Der Doktor sagt:

- Stress abbauen.
- Viel schlafen.
- Mit jemandem sprechen, wenn man Kummer hat.
- Sport treiben; wenigstens an ein paar Tagen in der Woche spazieren gehen. Auf das Gewicht achten.
- Vernünftig essen (gesunde Kost). Das Rauchen aufgeben.
- Für Abwechslung im Leben sorgen und neue Leute kennen lernen. Sich ein interessantes Hobby suchen.

Diese Ratschläge gelten natürlich auch für Menschen mit angeborener Zerstreutheit. Wir werden noch vergesslicher, wenn wir wenig schlafen und gestresst sind – aber bei uns macht sich die Veränderung nicht so deutlich bemerkbar wie bei denen, die zum ersten Mal in ihrem Leben kontinuierliche Zerstreutheit an sich feststellen.

3. Bei einem Baby entwickeln sich pro Minute zwei Millionen Gehirnzellen (kein Wunder, dass es müde ist). Am Ende besitzt es 100000 Milliarden Gehirnzellen, die ihm bis zum Lebens-

ende erhalten bleiben. Das erfordert viel Energie. Wir benutzen nicht alle auf einmal, und unser Gehirn macht nur zwei Prozent unseres Körpergewichts aus. Trotzdem braucht das Gehirn 20 Prozent unseres Blutes, die ganze Zeit – auch wenn wir schlafen. Wenn wir denken und Dinge tun, erhöht sich in Teilen des Gehirns die Durchblutung. Auf Magnetresonanzaufnahmen sieht es aus, als ob diese Gehirnteile «gezündet» würden. Es versteht sich von selbst, dass die Gehirnzellen versorgt und gepflegt werden müssen wie jedes andere komplexe System.
Bei älteren Menschen passiert es oft, dass Teile des Gedächtnisses nachlassen. So um die 60 herum (manchmal früher) macht sich das bemerkbar. Das gilt besonders für Dinge, die sich vor ein paar Stunden, Tagen oder Wochen ereignet haben. Außerdem fällt es älteren Menschen oft schwerer, sich zu konzentrieren und Informationen auszublenden, die um die Aufmerksamkeit konkurrieren. Diese Zerstreutheit – wir können sie Alterszerstreutheit nennen – unterscheidet sich von der natürlichen Zerstreutheit, deren hervorstechendste Eigenschaft gerade darin besteht, die konkurrierenden Informationen wegfiltern zu können.
Es ist möglich, die Alterszerstreutheit in Grenzen zu halten, indem man gesund lebt und den Intellekt mit Büchern, Schach oder anderen geistigen Stimuli massiert. Und das Gedächtnis lässt sich zum Teil trainieren. Ein gesunder 80-Jähriger kann sich Dinge fast ebenso gut merken wie ein 20-Jähriger, indem er sich Zeit zum Lernen nimmt, das Gelernte laut wiederholt, sich Eselsbrücken baut oder zu anderen Tricks greift.

4. Anders sieht es aus, wenn das Gehirn krank oder beschädigt ist. Alzheimer und andere Demenzkrankheiten beruhen darauf, dass biologische Prozesse im Gehirn nicht mehr richtig ablaufen. Zum Schluss weiß der Betroffene nicht einmal mehr, wie er oder sie heißt. Teile des Gehirns hören auf zu arbeiten.

Wie erkennen wir den Unterschied zwischen normaler Zerstreutheit und Alzheimer?
Ein Alzheimerpatient geht in einen Laden und kauft eine Packung Kaffee. Er kommt nach Hause und stellt den Kaffee in den Schrank. Dort stehen schon zehn geöffnete Packungen. Eine Stunde später geht er vielleicht wieder los und kauft noch eine Packung Kaffee. Er zieht keine Schlüsse aus der Tatsache, dass bereits so viele Packungen im Schrank stehen.
Die natürliche Zerstreutheit als «Alzheimer light» zu bezeichnen ist, wenn wir pedantisch sein wollen, erstens nicht witzig und zweitens absolut irreführend. Die natürliche Zerstreutheit hat nichts mit einer körperlichen Erkrankung zu tun, ebenso wenig wie die stress- oder schlafmangelbedingte Zerstreutheit oder die Alterszerstreutheit.
Es gibt einen Test, der oft angewendet wird. Er wirft ein deutliches Licht auf die Unterschiede zwischen alltäglicher Zerstreutheit und Demenz. Es ist ein Minitest für geistige Gesundheit, der so genannte Mini-Mental-Test (MMT). Durchgeführt wird er im Krankenhaus von einem Arzt in einem gesonderten Zimmer. Der Arzt fragt: «Welches Jahr haben wir? Welcher Tag ist heute? In welchem Land befinden wir uns?» Jede richtige Antwort gibt einen Punkt.
Eine der «schwereren» Fragen ist eine so genannte Dreistufenanweisung. Der Arzt gibt dem Patienten ein leeres Blatt Papier und sagt ruhig und deutlich: «Nehmen Sie das Blatt in die rechte Hand, falten Sie es in der Mitte und legen Sie es sich auf den Schoß.»
Wenn der Patient die drei Anweisungen richtig ausführt, erhält er drei Punkte.
Die Fragen des MMT haben alle ungefähr diesen Schwierigkeitsgrad. Wenn man nicht mehr als 25–27 von den 30 Punkten erreicht, könnte es ratsam sein, die «Zerstreutheit» genauer zu untersuchen.

Ein Schlaganfall oder Kopfverletzungen können ebenfalls dazu führen, dass Konzentrationsfähigkeit und Teile des Gedächtnisses verloren gehen. Es gibt den berühmten Fall eines Mannes, der einen kräftigen Schlag auf den Kopf bekam, wodurch ein bestimmter Bereich in beiden Gehirnhälften symmetrisch erschüttert wurde. Der Mann kann sich an alles erinnern, was vor dem Schlag geschah, ist aber nicht in der Lage, neue Informationen zu speichern. Wenn er durch sein Haus geht und ein Zimmer betritt, erlebt er das so, als sei er nie zuvor in diesem Zimmer gewesen. In einem anderen Fall drang ein Eisenrohr quer durch die vordere Kopfhälfte eines Mannes. Er konnte sich zwar weiterhin an alles erinnern, jedoch fanden Freunde, dass sich seine Persönlichkeit verändert habe.

Wenn man nicht dement ist, einem kein scharfer Gegenstand quer durch den Schädel gedrungen ist, man keinen Schlaganfall oder Ähnliches hatte und Bekannte einen trotzdem als ein bisschen wirr erleben – dann ist man vermutlich nur ganz normal zerstreut.

Im Grunde bin ich schon froh, dass Ola
nach Hause findet, weiß, wie seine Frau heißt,
und daran denkt, unsere Tochter von der Kita
abzuholen, wenn er an der Reihe ist.
Jenny, Stockholm

Zerstreutheit und Liebe

Dieses Kapitel richtet sich in erster Linie an die, die mit uns Zerstreuten zusammenleben.

Mit uns Zerstreuten zusammenzuleben ist nach vielen glaubwürdigen und übereinstimmenden Aussagen nicht immer leicht. Es erfordert viel (viel!) Liebe. Wir Zerstreuten sollten im Gedächtnis behalten, wie schwer das sein kann, und lieber einen Blumenstrauß zu viel als einen zu wenig kaufen. Falls man vergessen haben sollte, dass man Mittwoch einen gekauft hat und am Donnerstag wieder mit einem Strauß nach Hause kommt, wird einem niemand ein schlechtes Gedächtnis vorhalten.

Besonders diejenigen, die uns am nächsten stehen und die immer noch glauben möchten, dass wir absichtlich so handeln, wie wir es tun, haben es schwer mit uns. Zum Beispiel, wenn wir einen Geburtstag oder Hochzeitstag vergessen. Als vorsätzliche Handlung wäre es ein Skandal. Als Handlung eines Zerstreuten hat das keinerlei andere Gründe als etwas so Unromantisches wie Vergesslichkeit.

Ein Arzt berichtete, dass seine drei erwachsenen, nicht mehr zu Hause lebenden Kinder enttäuscht von ihm waren, weil er sich ihre Telefonnummern nicht merken konnte. Für sie war das ein eindeutiges Zeichen, dass Papa sich nicht mehr recht für sie interessierte. Der Arzt ist auch ein Hobbyornithologe, der seine Beobachtungen in Form von langen Zahlenkombinationen übermittelt. Die Sache wurde nicht besser, als die Kinder hörten, wie ihr Vater sich mit einem anderen Vogelkundler unterhielt und die Zahlenkennzeichen der Vögel wie ein Wasserfall aus ihm heraussprudelten. Lagen ihm die Vögel mehr am Herzen als seine Kinder?

Alle Zerstreuten wissen, was dem Mann mehr bedeutete. Aber

unsere Mitmenschen verstehen nicht immer, welchen Einschränkungen wir unterliegen. Möglicherweise tröstet es die Kinder ein wenig, dass Einstein der Überlieferung nach nicht einmal seine eigene Telefonnummer kannte. «Warum soll ich mein Hirn mit etwas belasten, was ich im Telefonbuch nachschlagen kann?», fragte er.

Ein anderes Beispiel dafür, auf welche Geduldsprobe man von einem Menschen gestellt werden kann, der auf Englisch so treffend *absent-minded* (geistig abwesend) genannt wird, ist dieser typische Dialog:

«Hast du schon von Maria gehört?»

«Hmmm.» (Der typische, zerstreute Hmm-Laut.)

«Stell dir vor, die heiratet!»

«Aha.» (Gedehnter, leicht ansteigender Tonfall.)

«Schon im Mai.»

«Ist doch schön.»

«Aber ihre Mutter ist krank geworden.»

«Hmmm.» (Das Letzte hat er gar nicht gehört.)

«Schwer krank.»

«Ah ja.»

«Du hörst überhaupt nicht zu.»

«Aber natürlich höre ich zu.»

«Ihre Mutter ist schwer krank geworden!»

«Wessen Mutter?»

Wir Zerstreuten tappen durch die Gegend, lassen überall was liegen, bringen alles durcheinander und reagieren nicht, wenn man uns anspricht. Viele Angehörige und enge Freunde haben sich beim Reichsbund der Zerstreuten gemeldet. Das hier hat Betty geschrieben:

«Ich weiß, dass ich nicht die Einzige bin, die mit einem Zerstreuten zusammenlebt. Es wäre schön, wenn der Reichsbund der Zerstreuten auch für uns Angehörige ein Forum sein könnte, in dem wir uns austauschen können. Ich habe meinem Lebensgefährten schon eine Menge Tipps gegeben, wie er sich Dinge leichter merken kann, aber nichts hilft. Ich bin total gestresst, weil ich immer für ihn mitdenken muss. Vielleicht kann euer Verein mir helfen, seine Zerstreutheit unter einem anderen Gesichtspunkt zu sehen. Es ist nicht immer leicht, sich damit abzufinden, dass er wieder was vergessen hat, zum x-ten Mal!»

Wir haben mit mehreren «Betroffenen» darüber gesprochen, was sie tun können, um ihre Situation zu verbessern. Dabei haben wir Folgendes erfahren:

Ein Trick, mit der Zerstreutheit seines Partners umzugehen, besteht darin, etwas vorausschauender zu sein (was in der Regel nicht schwer fällt) und den Zerstreuten durch sein vergessliches Dasein hindurchzusteuern. Es geht nicht darum, sich zum Dienstpersonal von «zerstreuten Professoren» oder «vergesslichen Kindern» zu machen. Es geht um eine Überlebensstrategie: Termine in ihre Kalender eintragen, Erinnerungsmails schicken, immer wieder nach selbstverständlichen Sachen fragen.

Schon am Montag kann man uns wie nebenbei daran erinnern, dass wir am Freitagabend zum Essen eingeladen sind. Bis Donnerstag ist die Nachricht in der Regel angekommen. Allerdings sollte man keinesfalls darauf vertrauen, nicht lockerlassen und uns am Freitag noch mehrmals daran erinnern.

Es gibt gewisse Äußerungen, die bei Angehörigen alle Alarmglocken schrillen lassen sollten: «Ich will nur noch schnell», «Mache ich gleich», «Natürlich habe ich zugehört» – dazu gehören auch Sätze, die mit «Reg dich jetzt bitte nicht auf» anfangen. Das ist der richtige Moment, um die Tischkante zu umklammern und tief Luft zu holen.

Als Betroffener sollte man sich den Gefallen tun und nicht damit rechnen, dass ein Zerstreuter sich an so triviale Sachen wie Geburtstage oder Hochzeitstage erinnert. Dass er (oder sie)

einen so wichtigen Tag vergisst, hat nichts mit Desinteresse zu tun oder damit, dass der Partner sich mit Scheidungsabsichten trägt. Die Gedanken waren einfach anderswo, wie üblich. Also sollte man sich stattdessen selbst verwöhnen, sich ein hübsches Geschenk kaufen und das Ganze vergessen. Der zerstreute Liebling hat es schließlich schon getan.
Und dann die Sache mit der Uhrzeit. Wenn Zerstreute versichern, dass sie um 18 Uhr zum Essen kommen, oder sagen «bin gleich da» – sollte man ruhig eine Stunde oder zwei hinzurechnen. Und lernen, wie man leckere Kaltgerichte zubereitet oder Gerichte, die man vorbereiten und leicht heiß machen kann, wenn der Zerstreute zu Hause eintrudelt.
Ganz allgemein sollte man dafür sorgen, dass man bei Zeitvorgaben immer genügend Spielraum zu eigenen Gunsten hat (soll heißen: Lüge, was den Zeitpunkt angeht) und etwas Angenehmes tun kann, während man wartet. Man könnte etwa ein Spiel auf dem Handy spielen, ein Kreuzworträtsel lösen, Zeitung lesen.
Alles, nur nicht aufregen. Das macht niemanden glücklich. Am wenigsten einen selbst.

Was man nicht hinnehmen sollte, ist, dass er oder sie Zerstreutheit vorschützt, obwohl er oder sie im jeweiligen Fall gar nicht zerstreut war. Zerstreutheit darf nicht missbraucht werden!
Hört sich schwierig an? Das ist es. Aber es hat auch seine positiven Seiten: Wie viel Lustiges und Spannendes erlebt man mit uns Zerstreuten! All die unerwarteten, peinlichen Situationen und die spannenden Momente – kriegen wir das Flugzeug noch oder nicht? Die komödiantischen Einlagen – warum tragen wir den Schlips direkt um den Hals gebunden? Außerdem meinen wir es ja nicht böse. Im Kapitel über Zerstreutheit und Recht ist es ausführlich beschrieben. Wir sind unschuldig, zumindest in juristischem Sinne.

Darf man denn gar keine Erwartungen an Zerstreute stellen? Doch, man darf schon. Viel Glück.
Das hier schrieb Nina, als sie Kenneth die Aufnahme im Reichsbund der Zerstreuten empfahl:
«Weil du so tüchtig bist und nicht vergisst, nach Hause zu kommen, bevor du schlafen gehst.»
Und die Kinder Gaston und Mercedes richten ihrem Vater Pierre aus:
«Wir, deine Kinder, möchten dich daran erinnern, dass du der beste Papa der Welt bist, auch wenn du das manchmal vergisst. Wir haben dich lieb.»

Zehn Tipps für alle, die mit einem Zerstreuten zusammenleben

1. Kaufe dir deine Blumen und Geschenke selbst, wenn du Geburtstag hast.
2. Sorge für Ersatzschlüssel.
3. Lerne zu begreifen, dass Zeit etwas Relatives ist.
4. Übe dich darin, kalte Mahlzeiten zuzubereiten.
5. Lüge, was Uhrzeiten und Deadlines angeht.
6. Schaffe einen gemeinsamen Kalender an, den nur du führst.
7. Vergiss nicht, dass in dem Schussel der Mensch steckt, den du liebst.
8. Versuche nicht, ihm die Zerstreutheit auszutreiben. Erfolge sind allenfalls zufällig und marginal.
9. Habe immer genügend Handschuhe, Regenschirme, Strümpfe, Schals auf Lager.
10. Betrachte es von der Sonnenseite: all die peinlichen, lustigen Situationen und verrückten Ideen, die du mit einem Zerstreuten gratis dazubekommst.

Zeichne hier aus dem Gedächtnis möglichst genau die Kreise und Striche ein, die du dir auf Seite 61 eingeprägt hast.

Mehr als sieben Richtige deuten auf ein gutes Aufnahmevermögen und einen souveränen Sinn für Details hin. Weniger als zwei Richtige sind ein Zeichen für Pech. Statistisch gesehen sollte das Ergebnis besser sein, auch wenn du dich an keine einzige Position erinnerst.

Wenn du nur wenige Richtige hast, lass dich damit trösten, dass man eine bessere Trefferquote trainieren kann. Nach einigen Malen hat man die richtige Konzentration auf die Aufgabe gefunden und entwickelt kleine persönliche Tricks, um sich die Anordnung zu merken. Es ist so, als würde man ein Spezialist werden, welcher Art auch immer. Ein Experte für Weine zum Beispiel stößt andauernd auf Informationen über Weine und erinnert sich mit der Zeit an zunehmend mehr Details. Tatsache ist, dass wir Zerstreuten gute Voraussetzungen mitbringen, um Spezialisten zu werden, weil wir die Fähigkeit besitzen, alles wegzufiltern, was nichts mit dem zu tun hat, worauf wir uns konzentrieren.

Hast du die fünf Anzeichen für Zerstreutheit in der Illustration auf Seite 119 gefunden?
Hier ist die richtige Antwort:

Stricknadeln im Haarknoten, BH über dem Kleid, Schnürsenkel sind zusammengebunden, unterschiedliche Strümpfe, Kleid falsch zugeknöpft

MERKLISTEN FÜR EREIGNISSE, DIE JEDES JAHR WIEDERKEHREN

Wichtige Geburtstage:

Januar ....

Februar ....

März ....

April ....

Mai ....

Juni ....

Juli ....

August ....

September ....

Oktober ....

November ....

Dezember ....

Andere wichtige Tage, an die es zu denken gilt:

Hochzeitstag ....

Tag der Gehaltszahlung ....

Tag der Rentenzahlung ....

Letzter Abgabetag für die Steuererklärung ....

Muttertag, ist normalerweise Anfang Mai ....

Vatertag, fällt mit Himmelfahrt zusammen ....
(Für die genauen Daten in den Kalender sehen.)

Weitere Tage, die nicht vergessen werden dürfen:

....

....

....

....

....

....

....